HEYNE <

Viktoryia Andrukovič

AUFGEWACHSEN IN DER LETZTEN DIKTATUR EUROPAS

MUT, SCHMERZ UND HOFFNUNG – DER KAMPF UM FREIHEIT IN BELARUS

Mit
Carsten Görig

WILHELM HEYNE VERLAG
MÜNCHEN

Sollte diese Publikation Links auf Webseiten Dritter enthalten,
so übernehmen wir für deren Inhalte keine Haftung,
da wir uns diese nicht zu eigen machen, sondern lediglich
auf deren Stand zum Zeitpunkt der Erstveröffentlichung verweisen.

FSC
www.fsc.org
MIX
Papier aus verantwortungsvollen Quellen
FSC® C083411

Penguin Random House Verlagsgruppe FSC® N001967

Originalausgabe 09/2022

Redaktion: Petra Kaiser
Umschlaggestaltung: Weiss Werkstatt München
unter Verwendung von Fotos von: Mindaugas Žiūkas;
Picture Alliance / ASSOCIATED PRESS / TUT.by
Satz: Satzwerk Huber, Germering
Druck: CPI books GmbH, Leck
Printed in the EU
ISBN: 978-3-453-60629-6

www.heyne.de

Inhalt

Ich widme dieses Buch den Widerstandskämpfern in Belarus, dem ukrainischen Volk und allen Menschen auf der ganzen Welt, die für Freiheit und Demokratie kämpfen – auch wenn es so aussieht, als würde dieser Kampf niemals enden. Eure Opfer werden nie vergessen werden.

Vorwort

Ich werde so lange im Gefängnis sein,
bis mich die Belarusen befreien.
Sergei Tichanowski

Wenn mir 2019 jemand gesagt hätte, dass die Welt in einem Jahr von einer tödlichen Pandemie heimgesucht wird, dass Hunderttausende mutiger Belarusen auf die Straße gehen und das Regime dann so hart zurückschlagen wird – ich hätte das alles niemals geglaubt. Ich hätte niemals geglaubt, dass ich und viele andere aus dem Land vertrieben werden, dass Sergei Tichanowski zu 18 Jahren Gefängnis verurteilt und seine mutige Frau Swetlana Tichanowskaja seinen Platz einnehmen wird. Und ich hätte niemals geglaubt, dass ich die Kraft und den Mut haben werde, gegen die Diktatur Lukaschenkos aufzubegehren und diesen Kampf bis heute fortzusetzen – weit weg von meiner Heimat, meinen Eltern und meinen Freunden. Ich hätte niemals geglaubt, dass im Februar 2022 ein Krieg in der Ukraine ausbrechen wird und dass Raketen von meinem Heimatland Belarus aus abgefeuert werden. – Und das ging nicht nur mir so: In diesen zwei Jahren wurde nicht nur meine Welt, sondern die Welt aller Belarusen völlig auf den Kopf gestellt. Wir konnten nicht ahnen, dass das Schicksal uns so viel Schreckliches bescheren wird. Wir konnten nicht ahnen, dass

Tausende Menschen inhaftiert werden und wir zu Hunderttausenden aus dem Ausland Briefe an all die Gefangenen schreiben. Manch einer mag uns für naiv gehalten haben, als wir in Belarus 2020 mit Blumen und voller Hoffnung im Glauben an das Gute den Panzern entgegentraten. Und ja, während der Demonstrationen zogen wir Belarusen die Schuhe aus, bevor wir auf eine Parkbank stiegen, und wir warteten an der Ampel auf Grün, bevor wir die Straße überquerten. Ja, wir umarmten in der Tat die Bereitschaftspolizisten und schenkten ihnen Blumen. Waren wir naiv? Vielleicht. Aber es ist diese Naivität, die uns weiterhin den Glauben und die Kraft gibt, unseren Kampf trotz aller Widrigkeiten fortzusetzen. Es scheint mir so wichtig, dass wir uns in all diesen Wirrnissen, die wir durchleben mussten, unsere Menschlichkeit bewahren konnten und die Menschen geblieben sind, die mit einem Lächeln auf den Lippen in der Menge marschierten und freudig »Es lebe Belarus!« riefen. Belarus wird so lange weiterleben, bis wir Belarusen kapitulieren.

Das ist der Grund, weshalb wir weiterkämpfen.

Der Grund, weshalb ich dieses Buch schreibe.

Den Belarusen ist es aber nicht nur gelungen, sich ihre Menschlichkeit und ihren Glauben an das Gute zu bewahren, sondern sie sind auch stärker geworden: Sie haben es geschafft, die Zivilgesellschaft im Exil wieder erstarken zu lassen und die Arbeit unabhängiger Medien, die kaum noch existierten, wieder zu ermöglichen. Und jetzt öffnen sie den Menschen, die aus der Ukraine flüchten müssen, ihr Heim, engagieren sich bei humanitären Hilfsmaßnahmen und kämpfen in der Ukraine für unsere gemeinsame Freiheit. Und das ist nicht verwunderlich: Die Menschen in Belarus waren schon immer »unglaublich«. Es vergeht kein Tag, an dem ich nicht stolz bin: Die Belarusen, die so viel geopfert und so viel durchgemacht haben, kämpfen weiter und helfen Menschen in Not. Komme, was wolle.

Aber in diesen Stolz mischt sich auch Schmerz: Der Schmerz im Gedenken an diejenigen, die nicht mehr unter uns sind oder deren Angehörige nie mehr nach Hause zurückkehren werden. Die Tochter von Alexander Taraikowski wird ihren Vater niemals wiedersehen, und die Mutter von Alexander Wichor wird ihren Sohn niemals wieder in die Arme schließen können. Die Tochter des politischen Gefangenen Eduard Paltschis wurde ohne ihren Vater geboren und hat ihn noch nie gesehen – und wird ihn, laut Gerichtsurteil, auch weitere 13 Jahre nicht kennen lernen. Mikita Salatarou verbringt seine Kindheit und Jugend im Gefängnis, nachdem er im Alter von 16 Jahren zu viereinhalb Jahren Haft in einer Strafkolonie verurteilt wurde. Pawel Kutschinski, der zu fünf Jahren Haft verurteilt wurde und an einer Krebserkrankung im Stadium IV leidet, kämpft nun schon seit einem halben Jahr um sein Leben. Es gibt Tausende solcher Geschichten. Jede einzelne ist voller Schmerz und Hoffnung. Und auch Swetlana Tichanowskaja und die Kinder von Sergei Tichanowski warten immer noch auf ihren Ehemann und Papa und hoffen, dass er bald nach Hause kommt. Dass wir alle bald wieder zu Hause sein werden.

Man mag jetzt keine Massenproteste und Menschenmengen mit weiß-rot-weißen Fahnen in den Straßen von Minsk sehen, aber das bedeutet nicht, dass die Belarusen aufgehört hätten zu kämpfen: Viele kämpfen weiterhin im Untergrund, legen Flugblätter und Samisdat-Zeitungen in die Briefkästen ihrer Nachbarn, sabotieren die Arbeit von Fabriken und Staatsbetrieben, organisieren humanitäre Hilfe für die Ukraine und unterstützen die Familien der politischen Gefangenen.

Am Anfang des Krieges weigerten sich mutige belarusische Lokführer, Züge mit russischer Militärausrüstung zu fahren, wofür sie mit ihrer Entlassung und einige sogar mit ihrer Freiheit bezahlen mussten. Und die belarusischen Partisanen setzen ihre Cyberattacken und die Angriffe auf das Schienennetz des Landes fort, indem sie Eisenbahnanlagen sabotieren und die Gleise blockieren. Bereits im ersten Kriegsmonat wurden in drei Regionen von Belarus mehrere Streckenabschnitte, auf denen russische Militäreinheiten befördert werden sollten, lahmgelegt. Mindestens acht Belarusen bezahlten diesen »Eisenbahnkrieg« mit ihrer Freiheit und wurden als »Terroristen« eingestuft, wofür sie nun mit dem Tod bestraft werden könnten. Denn am 4. Mai 2022 billigte der Rat der Republik einen Gesetzentwurf, der die Todesstrafe für »Terrorismus und versuchten Terrorismus« vorsieht. Belarus, das einzige Land in Europa, in dem die Todesstrafe verhängt wird, verschärfte damit die bisherige Gesetzgebung, weitete sie auf die protestierenden Bürger aus, die damit mehrheitlich als sogenannte Terroristen eingestuft werden. Wie auch ich.

Doch wir Belarusen sehen diese Bezeichnung als einen Ehrentitel an, wir tragen ihn mit Stolz – auch wenn es sich dabei nicht um eine akademische, sondern um eine Auszeichnung qua Straftatbestand handelt.

Die Belarusen wissen, dass es ohne eine freie Ukraine kein freies Belarus geben kann. So ist der Krieg dort unser gemeinsamer Krieg, den wir gewinnen müssen. Jahre des Terrors, des Krieges, der Gewalt und der Unterdrückung müssen in Osteuropa ein für alle Mal ein Ende haben. Unsere beiden Völker haben schon viel zu lange leiden müssen.

Als Belarusin hat man keine Wahl. Ob man nun Ingenieur oder Programmiererin, Schauspieler oder Künstlerin, Geschäftsmann oder Ärztin ist: Alle Wege führen in Belarus in die Politik. Früher oder später engagiert man sich, setzt sich für die Menschenrechte ein, wird zum Aktivisten oder zur Bloggerin. Auch ich habe mir meinen Weg nicht ausgesucht: Meine Geschichte spiegelt die Geschichte einer Generation von Belarusen wider, die unter Lukaschenkos Regime geboren wurde und aufwuchs. Wir sind die Kinder, die unter Lukaschenkos Porträt groß wurden und zur Schule gingen, denen von der ersten Klasse an beigebracht wurde, »das Vaterland zu lieben«, und die gezwungen wurden, an Militärparaden teilzunehmen.

Wir sind eine Generation, die die postsowjetische Ära mit ihrer Mangelwirtschaft und den vielen Schwierigkeiten erfuhr, die die Lukaschenko-Diktatur mit ihrer Unterdrückung und ihrem politischen Druck über uns brachte – und in der aus dieser Konstellation heraus auf wunderbare Weise ein unerschütterlicher Wunsch nach Freiheit wuchs. Dieser war die Voraussetzung für die Revolution in Belarus im Jahr 2020 und er ist heute das, was uns antreibt, unsere Arbeit fortzusetzen.

In meiner Erzählung überlagert sich die Geschichte von Belarus – ausgehend vom Aufstieg Lukaschenkos 1994 bis zu seiner Machtergreifung 1995 – mit der Geschichte einer ganz normalen belarusischen Familie: meiner Familie, in deren Leben sich unwillkürlich das politische und soziale Gefüge des Landes widerspiegelt. Ich versuche, die unmittelbaren Auswirkungen der politischen Ereignisse auf das Alltagsleben der belarusischen Bevölkerung zu zeigen. Dabei schlage ich einen Bogen von der postsowjetischen Zeit über die Errichtung eines autoritären Regimes bis hinein in unsere Zeit, bis zu den Kämpfen der Belarusen im

Exil nach 2020 und zu den Auswirkungen aktueller Ereignisse, wie vor allem des Krieges in der Ukraine. Ich möchte mit meinem Buch einen Einblick in die heutige Lebenswirklichkeit der belarusischen Bevölkerung geben.

Jeder Belaruse, der gegen das Regime protestiert, unternimmt einen großen Schritt, bringt große Opfer auf dem Weg in unsere gemeinsame Freiheit, auf dem Weg zu Frieden und Demokratie. Und auch wenn wir jetzt noch nicht nach Hause zurück können, auch wenn wir jetzt noch nicht geliebte Menschen und Verwandte aus den Gefängnissen befreien und über die vielen Helden unserer Zeit laut sprechen können, so bedeutet das nicht, dass wir verloren hätten. Es bedeutet vielmehr, dass der Kampf noch nicht vorbei ist und dass wir weiterkämpfen werden. Komme, was wolle.

Es lebe Belarus und ein Hoch auf die Ukraine!

Viktorya Andrukovič
Vilnius, den 16. Juni 2022

Einleitung

Am 24. Februar 2022 verriet Alexander Lukaschenko sein Land. Er machte Belarus zum Aufmarschgebiet für einen Krieg, der nicht geführt werden dürfte. Einen Krieg, in dem Russland mit erfundenen Vorwürfen die Ukraine angreift, ein freies Land. Ein Land, das uns als Vorbild diente. Ein Land, dessen Bevölkerung sich nach langen Kämpfen und großen Entbehrungen für die Freiheit und gegen die alte sowjetische Ordnung entschieden hatte.

Seine Legitimation als Herrscher in Belarus hatte Alexander Lukaschenko allerdings schon lange vor diesem Datum verloren, spätestens aber am 20. August 2020: Es war der Tag, an dem die jüngste Präsidentschaftswahl stattfand. Und das war der letzte Tag, an dem sich Lukaschenko vor dem Zorn seines Volkes sicher fühlen konnte. Eigentlich hatte ihn sein Volk damals abgewählt. Offiziell aber wurde ihm das Amt mit 80,08 Prozent der abgegebenen Stimmen zugesprochen. Die Wahl war manipuliert worden, gefälscht. So offensichtlich wie keine andere Wahl zuvor unter seiner Herrschaft.

26 Jahre hatte Alexander Lukaschenko zu diesem Zeitpunkt bereits in Belarus geherrscht. Er war 1994 in einer demokratischen Abstimmung gewählt worden, aber nur, um dann nach der absoluten Macht zu greifen. Er zerstörte die gerade erwachende demokratische Kultur eines Landes, das sich gerade aus

den Trümmern der Sowjetunion gelöst und unabhängig erklärt hatte. Es war ein Land, dass sich neu orientieren musste, ein verletzliches Land. Und diese Verletzlichkeit muss jemandem wie Lukaschenko verlockend vorgekommen sein. Er nutzte die darin liegende Chance und formte ein Land, das vor allem seinem Machtanspruch und seinem Gewinnstreben dient. Und seinem Wunsch, gemeinsam mit Russland ein Reich zu bilden, Belarus und Russland als zwei bedeutende Länder in Europas Osten zu etablieren. Eine Idee, die er mit Wladimir Putin teilt, den er als einziger Machthaber in Europa bei seinem furchtbaren Zerstörungskrieg gegen die Ukraine unterstützt.

»Der letzte Diktator Europas« wird Lukaschenko immer wieder genannt. Er empfindet diesen Titel als Auszeichnung, macht sich zwar darüber lustig, zitiert ihn aber gern. Während seiner Herrschaft entwickelte er eine gewisse Folklore, tritt gern vor Kulissen auf, die an die Sowjetzeit erinnern. Lukaschenko wirkt auf Menschen aus dem Westen oft voller Klischees. Sie verharmlosen ihn, sehen ihn als kleinen Diktatorendarsteller und machen sich über lustig ihn. Über seine hohe Stimme, seinen Schnauzbart, sein bäuerliches Auftreten. Doch er ist keine Witzfigur. Im Gegenteil: Auf sein Konto gehen viele Tote, Hunderte Schwerverletzte, Tausende politische Gefangene und ein unfreies Land. Er sperrt sein Volk ein, unterdrückt die Opposition und beteiligt sich an dem schwersten Krieg auf europäischem Boden seit dem Ende des Zweiten Weltkriegs.

Gleichzeitig ist Lukaschenko aber auch ein Mann, der spätestens seit dem Spätsommer 2020 Angst hat. Und diese auch haben muss: Zum ersten Mal rebellierte sein Volk in solch einem Ausmaß gegen ihn, wehrte sich lautstark gegen ihn. Hunderttausende Menschen protestierten friedlich gegen die offensichtlichen

Wahlfälschungen. Sie zeigten, dass sie ein anderes Belarus wollen, ein freies Land, ein Land ohne Angst. Ein paar Tage lang schaute Lukaschenko zu, dann schlug er zurück, ließ Tausende Menschen verhaften. Auch wenn sich der Protest seit dem Herbst 2020 neue Wege suchen musste, in der Öffentlichkeit kaum mehr stattfinden konnte: Es gibt Hoffnung für Belarus.

Die Proteste von 2020 setzten etwas Neues in Gang, wirken bis heute nach: Immer mehr Menschen wenden sich von Lukaschenko ab, auch wenn sie sich selten trauen, das offen zu zeigen.

Und das ist nicht verwunderlich: Zahlreiche zivilgesellschaftliche Organisationen wurden verboten, ihre Mitarbeiter verhaftet und aus fadenscheinigen Gründen verurteilt. Inzwischen gilt man in Belarus bereits als verdächtig, wenn man die falschen Telegram-Kanäle abonniert, wenn man rote und weiße Kleidung trägt oder einen weiß-roten Regenschirm bei sich hat. Rot und Weiß, das sind die Farben der Flagge der ersten belarusischen Republik. Die Farben jener Flagge, die den Widerstand gegen Lukaschenko eint.

Im letzten Jahr stieg die Zahl der Menschen, die verhaftet, verurteilt und eingesperrt wurden, drastisch. Immer wieder gibt es kleine Wellen, bei denen gegen vermeintliche oder tatsächliche Oppositionelle vorgegangen wird: Ihre Wohnungen werden gestürmt, sie werden in Vorlesungen an der Universität festgenommen oder auf offener Straße verhaftet. Sie werden zu langen Haftstrafen verurteilt, teilweise in Schauprozessen, die nicht im Gericht, sondern an ihren Arbeitsplätzen oder in ihren Universitäten stattfinden. Sie müssen unter Zwang Abbitte leisten, sich an den Pranger stellen lassen.

Auch mich hätte beinahe dieses Schicksal ereilt: Auch ich wäre fast im Gefängnis gelandet, hätte einen Prozess über mich ergehen lassen müssen. Doch ich hatte Glück: Ich sah die Warnsignale, konnte einer Verhaftung gerade noch entgehen und fliehen. Ich konnte – und musste – meine Heimat verlassen. Ich musste meine Familie zurücklassen, viele Freunde. Ich musste meine Arbeit aufgeben, musste ein neues Leben beginnen. Jetzt lebe ich in Litauen, in Vilnius. Kaum 200 Kilometer entfernt von meiner Heimatstadt Grodno und doch weiter weg, als jemals zuvor. Zwischen mir und meinem Land liegt eine Grenze, die ich nicht überqueren kann, ohne festgenommen zu werden. Ich weiß, dass ich nicht mehr zurück kann nach Belarus, so lange Lukaschenko das Land beherrscht.

Ich war 26 Jahre alt, als ich fliehen musste. Genauso lange war Lukaschenko damals schon Herrscher über Belarus. Er kam im Sommer 1994 an die Macht, ich wurde im Dezember 1994 geboren. Ich kannte Belarus nur unter seiner Herrschaft, war an sein Gesicht gewöhnt, das in allen Amtsstuben des Landes, in allen Klassenzimmern hängt. Ich dachte auf meiner Reise darüber nach, wie es gekommen war, dass ich auf einmal zur Opposition gehörte, dass ich mich nicht anpassen wollte in diesem autoritären Staat. Wie es dazu gekommen war, dass ich fliehen musste. Es war ein langer Weg für mich. Ein Weg, auf dem ich manches erleiden musste, auf dem ich aber auch viele Menschen kennenlernte, mit denen ich die gleichen Ziele teile, mit denen ich gemeinsam dafür kämpfen werde, dass mein Land ein freies wird.

Am Morgen des 24. Februar 2022 kamen diese Gedanken alle wieder zurück. Ein Jahr nach meiner Flucht stand ich mit der Zahnbürste im Mund im Bad und hörte die Nachrichten, die mir unwirklich vorkamen. Russland hatte seine alte Drohung wahr gemacht, hatte die Ukraine angegriffen. Ein Jahr, nachdem ich in einem alten Militärlaster geflüchtet war, marschierten tatsächlich russische Truppen in die Ukraine ein. Ich hätte mir damals in den kühnsten Träumen nicht vorstellen können, dass Tschernihiw, eine Stadt im Norden der Ukraine, durch die ich auf meiner Flucht gekommen war, mit Raketen beschossen würde, die von meinem Heimatland aus abgefeuert würden. Ich hätte nie gedacht, dass die Straßen von Kiew, auf denen ich mit meinen Freunden spazieren gegangen war, von russischen Truppen bombardiert werden könnten, dass die U-Bahn-Tunnel der Stadt zu Luftschutzbunkern werden würden. Ich hätte mir nie vorstellen können, dass ein Freund in die Ukraine geht, um dort im Krieg zu kämpfen. Oder dass zwei meiner Landsleute in der Ukraine von Geschossen getötet werden könnten, die aus Belarus stammten. Dass aus dem Luftraum über Belarus Raketen auf ein Einkaufszentrum abgefeuert werden könnten.

Wie die Bomben auf Kiew und Charkiw prasselten die Nachrichten auf mich ein. Freunde und Verwandte meldeten sich, wir standen unter Schock. Die Botschaft der Bomben war uns klar: Dieser Angriff galt nicht nur einem Land, er galt der Freiheit, für die wir einstanden, für die wir kämpften. Der Freiheit, die uns in Belarus weiter verwehrt bleibt und die sich die Menschen in der Ukraine mit dem Aufstand während des Maidan erkämpft hatten.

Dieser Krieg ist der schreckliche Beweis dafür, dass die alten Kräfte noch lange nicht besiegt sind. Sie können jederzeit wieder auferstehen, wie dunkle Geister aus der Vergangenheit. Sie suchen nicht nur die Ukraine heim, sondern auch Belarus, Georgien oder die Republik Moldau. Der Geist der Unfreiheit lebt in den Ländern der ehemaligen Sowjetunion, er lässt uns nicht los, erscheint in jedem dieser Länder in einem anderen Licht.

Dieser Krieg, den Russland in der Ukraine angefangen hat, wird gegen Freiheit und Selbstbestimmung geführt, gegen alle, die in diesen Ländern für Freiheit und Frieden eintreten. Es ist ein Kampf, den wir gemeinsam ausfechten müssen, auch wenn die Frontlinien sehr unterschiedlich verlaufen. Und wenn dieser Krieg eines bewirkt, dann ist das eine noch größere Entschlossenheit, für die Freiheit zu kämpfen und die Geister der Vergangenheit endgültig zu vertreiben.

Ein Jahrhundert der Katastrophen

Belarus: Das Land zwischen den Fronten

Ausgedehnte Sümpfe, breite Flüsse, dichte Wälder: Nur wenige Hundert Kilometer von der deutschen Grenze entfernt, verhinderte die belarusische Landschaft den weiteren Vormarsch der deutschen Soldaten im Ersten Weltkrieg. Die Wälder im Grenzgebiet zwischen dem heutigen Polen und Belarus schienen undurchdringlich. Südlich schlossen sich die Sümpfe an die Ufer des Prypjat an, ein großer Fluss im Grenzgebiet zwischen Belarus und der Ukraine.

Belarus lag damals im Westen des russischen Zarenreiches, zwischen den polnischen Gebieten und dem russischen Kernland. Südlich schloss sich die Ukraine an, ebenfalls russisches Gebiet. Beide Länder konnten auf eine bewegte Geschichte zurückblicken, hatten zu immer wieder wechselnden Staatsgebilden gehört. Doch all das war nur ein Vorgeschmack auf das gewesen, was ihnen im 20. Jahrhundert bevorstehen sollte. Sie lagen im Zentrum eines Gebietes, das von der Ostsee bis zum Schwarzen Meer, von Polen bis zur heutigen Westgrenze Russlands reichte und das der amerikanische Historiker Timothy Snyder als »Bloodlands« bezeichnete. Es war ein Gebiet, das zum Schauplatz der schlimmsten Verbrechen an der Menschheit werden würde. Das Zeuge werden würde von großen, erbarmungslosen

Schlachten, von Völkermord und von der systematischen Vernichtung von Menschen.

Die Zeit nach dem Ersten Weltkrieg stellte für viele Länder einen hoffnungsvollen Aufbruch in die Moderne dar: Monarchien wurden abgeschafft, Parlamente gebildet, demokratische Strukturen eingeführt, und neue Nationalgefühle gaben den Völkern eine eigene Identität.

Aber inwieweit, für wie lange und unter welchen Bedingungen diese Zukunftsvisionen Realität wurden, fiel sehr unterschiedlich aus: Finnland wurde wieder frei, die baltischen Staaten bekamen – erst einmal – ihre Souveränität zurück, und es gründete sich ein neues Polen. Für Belarus und die Ukraine aber währte die Hoffnung auf Unabhängigkeit nur allzu kurz: 1918 wurde die Belarusische Volksrepublik (BNR) ausgerufen, die jedoch um ihre Anerkennung bei den Verhandlungen zur Neuordnung Europas kämpfen musste. Vergeblich. Die Rote Armee besetzte den östlichen Teil des Landes, der am 1. Januar 1919 schließlich der Sowjetunion zugeschlagen wurde. Der westliche Teil des Landes fiel an Polen. Nur wenig besser erging es der Ukraine: Das Land wurde nach zwei Jahren Unabhängigkeit von der Roten Armee erobert und als Sowjetrepublik der UdSSR angegliedert.

In Belarus ist die einzige Erinnerung an diese Zeit des Aufbruchs die Rada, der Rat der BNR, der Ende 1917 zum ersten Mal zusammentrat. Diese älteste Exilregierung der Welt arbeitet bis heute in Kanada und unterstützte von dort aus erst die Opposition gegen die Sowjetunion und heute den Kampf gegen Lukaschenko.

Die Besetzung und Teilung der beiden Länder war aber nur der erste Schritt in den Jahrzehnten des Terrors: Josef Stalin folgte auf Lenin, die Sowjetunion wurde zu einem paranoiden Staat, in dem Terror und Mord zum politischen Tagesgeschäft gehörten. Millionen von Menschen wurden unter Stalins Herrschaft getötet. Allein zwischen 1930 und 1933 starben zwischen 3 und 3,5 Millionen Menschen an einer staatlich herbeigeführten Hungersnot in der Ukraine. »Holodomor« nennen die Ukrainer diese Zeit, Hungertod. Nach dem Hunger kamen die stalinistischen Säuberungen, denen insgesamt Hunderttausende zum Opfer fielen. Im Zweiten Weltkrieg errichtete die deutsche Armee auch in Belarus und der Ukraine Vernichtungslager und brannte auf dem Rückzug große Teile des Landes nieder. Danach plünderte die Rote Armee Felder und Ställe.

Mehr als 14 Millionen Zivilisten wurden zwischen 1933 und 1945 in den »Bloodlands« getötet.

Meine Familie im Krieg

Mein Urgroßvater starb in den ersten Tagen des Zweiten Weltkriegs. Er kämpfte gegen die Sowjets, die in den Osten Polens vorrückten, nachdem der Hitler-Stalin-Pakt unterzeichnet worden war. Er stammte, wie große Teile der Familie meiner Mutter, aus dem kleinen Dorf Hniezna, knapp 70 Kilometer südlich von Grodno und 70 Kilometer östlich von Białystok gelegen. Ein Ort, der auch heute nicht viel mehr ist als eine Ansammlung kleiner Holzhäuser, die sich um eine Backsteinkirche gruppieren.

Der nächste Kriegstote, zwei Jahre später, war einer seiner Söhne, Edzik. Edzik wollte für die Sowjets gegen die Deutschen kämpfen und meldete sich im Alter von 17 Jahren zur Armee. Angeblich desertierte er, doch mehr als dieses Gerücht hörte niemand mehr von ihm. Er ist einer der unzähligen Menschen, die vom Krieg verschlungen wurden und deren Schicksal auf immer ungeklärt bleiben wird.

Die sowjetischen Besatzer beschlagnahmten die Felder und Tiere der Bauern, um sie, so die offizielle Begründung, zu Kolchosen zusammenzuführen. Die Menschen in den besetzten Gebieten erlebten aber etwas ganz anderes: Die Besatzer nahmen sich alles, was sie sich nehmen konnten, und ließen die Bewohner hungern.

Die Erzählungen derer, die diese Zeit miterlebten, gleichen sich, überall: Dorfbewohner klaubten auf den Feldern und in den geplünderten Speichern der Bauern die letzten Reste an Korn zusammen. Sie mussten sich vor den Patrouillen der Roten Armee in Acht nehmen. Wer ertappt wurde, musste das Gefundene abgeben. Mit Glück kam man mit Schlägen davon, mit Pech zahlte man mit dem Leben.

Die sowjetischen Soldaten stahlen, raubten die Bauern aus. Sie nahmen alles mit, was irgendeinen Wert hatte. Aus den Häusern der Bauern, aus den Gärten und sogar aus den Kirchen.

Im Dorf meiner Großmutter versammelten sich die Einwohner vor ihrer kleinen Kirche, um Ikonen, Bibeln und Kreuze zu schützen. Vergeblich. Ihre Kirche wurde geplündert, die Ikonen verschwanden. Zurück blieb ein leeres, ein geschändetes Gotteshaus. Ein großes Leid für die tiefgläubigen katholischen Bauern.

All das sind auch Erzählungen, die so oder ähnlich heute wieder aus der Ukraine zu hören sind, wo russische Soldaten wieder einen erbarmungslosen Krieg führen und die Zivilbevölkerung terrorisieren.

Die deutsche Besatzung

Am 22. Juni 1941 brach Deutschland den Hitler-Stalin-Pakt und begann den Krieg gegen die Sowjetunion. Einen Tag später wurde Grodno bereits von der deutschen Wehrmacht besetzt. Die sowjetischen Besatzer zogen in aller Eile ab, nahmen Lebensmittel, Fahrzeuge, Tiere, Möbel, Schmuck mit. Was sich transportieren ließ, wurde eingepackt.

Vielleicht erlebten die Menschen den Wechsel der Besatzer im ersten Moment als Erleichterung. Vielleicht so, wie die Kinder meiner Urgroßmutter: In den ersten Tagen der Besatzung steckte ihnen ein deutscher Soldat eine Packung Schokolade zu, etwas, was sie als arme Bauernkinder nie zuvor besessen hatten. Es war ein kurzer Moment des Glücks. Doch er hatte eine mehr als bittere Note: Er endete spätestens in dem Moment, in dem die Deutschen belarusische Kinder und Jugendliche abholten.

Wie in vielen besetzten Gebieten im Osten wurden sie zur Zwangsarbeit verpflichtet. Mehr als 1,5 Millionen wurden in Arbeitslager gebracht. Oft genug in Deutschland, seltener in ihren Heimatländern. Viele von ihnen starben. Je länger der Krieg dauerte, desto jünger wurden die Kinder, die von ihren Familien getrennt, in Lager gesteckt und zur Arbeit gezwungen wurden.

Die große Schwester meiner Großmutter, Vranika, sollte dazugehören. Als ältestes Kind der Familie stand sie auf der Liste für den Transport nach Deutschland.

Die Schwestern

Als die Deutschen vor der Tür standen, drängte sich meine Großtante Zosia nach vorn. Sie hatte Asthma, hustete stark und war von der Krankheit gezeichnet. Doch Zosia war nicht nur krank, sondern auch mutig: Sie wusste, dass sie, krank und schwach, wie sie war, der Familie in dieser Zeit nichts nutzen konnte. Ihr große Schwester hingegen schon: Sie war stärker, widerstandsfähiger. Zosia opferte sich in diesem Moment selbst, um ihre Familie zu schützen. Und ihre Mutter ließ sie gehen.

Meine Urgroßmutter kämpfte den Rest des Krieges über mit dieser Entscheidung, während sie sich abmühte, die Familie zu ernähren, sie mit den Kindern die letzten Reste Korn und Kartoffeln auf abgeernteten Feldern suchte und um Nahrung bettelte. Der Krieg hatte ihr nun den Mann und zwei Kinder genommen.

Bis zum Kriegsende ahnte sie nicht, dass sich zumindest eine Sache zum Guten wenden sollte. Denn mit ihrer Entscheidung half Zosia nicht nur der Familie, sie rettete auch ihr eigenes Leben. Sie wurde nach Deutschland in ein Lager gebracht, wo ein Arzt nach einiger Zeit erkannte, wie krank sie war. Er nahm sie zu sich nach Hause, ließ sie bei sich als Kindermädchen arbeiten. Hauptsächlich aber, so erzählte sie es, um sie zu pflegen, sie zu heilen. Es war ein kleiner Lichtblick in einer unbarmherzigen Zeit. Ein kleiner Akt der Menschlichkeit, der sehr spät kam für ein junges Mädchen. Sie hatte zu diesem Zeitpunkt schon mehr Leid gesehen, als man eigentlich ertragen kann.

Wir haben immer noch alte Fotos von Zosia, in Lageruniform, mit ihrer Nummer auf der Jacke. Sie musste in eisiger Kälte frieren, hungern, oft genug mit verfaultem Kohl vorliebnehmen, musste bis zur völligen Erschöpfung arbeiten. Sie musste ihre

Schlafstatt mit Mäusen und Ratten teilen. Oft genug wachte sie morgens auf und sah als Erstes die Leichen derer, die sich in der Nacht umgebracht hatten, die von den Balken der Schlafbaracke hingen. Doch sie hat überlebt. Was mehr als ein Wunder ist.

Nach dem Ende des Krieges kehrte sie nach Hause zurück, und sie trug schwer an ihrem Schicksal. Es ist wohl kein Zufall, dass Zosia niemals eine eigene Familie gründete. Sie heiratete nie und lebte bis zu ihrem Tod bei ihrer Schwester Vranika, hatte dort ein Heim, kümmerte sich um deren Familie. Die beiden waren untrennbar miteinander verbunden. Sie hatten sich gegenseitig das Leben geschenkt.

Nach dem Krieg

Der Zweite Weltkrieg war vorbei. Belarus war zerstört. Das Land trägt die Narben seiner Geschichte noch heute: Es gibt keine Familie, die nicht von Toten berichten kann. Kein Dorf, keine Stadt, in denen man nicht Lücken sieht, die noch von den Verheerungen des Krieges künden. Kein Landstrich, in dem es nicht Massengräber gibt, in denen von Deutschen oder Sowjets ermordete Menschen verscharrt liegen.

Drei Millionen Menschen waren im Krieg getötet worden, nahezu ein Drittel der Bevölkerung des Landes. Städte und Dörfer waren niedergebrannt, Bahnlinien und Industrie nahezu vollständig zerstört, die Landwirtschaft bot kaum Ertrag. Es fehlten die Menschen, die die Felder bewirtschaften konnten. Sie waren verschwunden. – Es ist kein Wunder, dass die meisten Menschen in Belarus gegen den Krieg in der Ukraine sind. Auch wenn das Ende des Zweiten Weltkrieges inzwischen lange her ist: Krieg ist verhasst, auch weil die Echos des letzten großen Krieges immer noch zu sehen, zu spüren sind.

Nicht nur Belarus, sondern ganz Europa fand sich am Ende des Zweiten Weltkriegs in einer neuen Konstellation wieder: Zwei Blöcke entstanden und spalteten den Kontinent in West und Ost. In einen Bereich, in dem Freiheit und Demokratie wachsen sollten, und in einen Bereich, in dem sich eine Diktatur als Sozialismus verbrämte und ihren Einflussbereich mit aller Härte kontrollierte. 40 Jahre lang sollte der Kalte Krieg zwischen NATO und dem Warschauer Pakt die Politik beherrschen. Obwohl diese Zeit Anfang der 1990er-Jahre endete, prägt sie bis heute das Denken vieler Menschen in Europa.

Die Diktatur in Belarus ist eine Folge dieses Denkens, der Krieg in der Ukraine eine weitere. Zu lange nahmen gerade in Westeuropa viele Menschen und Regierungen an, dass unsere Länder quasi naturgemäß zu Russland gehören, weil sie Russland als den einzigen Nachfolgestaat der Sowjetunion sehen. Damit versagen sie uns eine eigene Identität, die Selbstbestimmung. Doch gerade wir wissen genau, warum wir dem russischen Einflussbereich entkommen möchten. Zu lange nämlich waren wir abhängig von der Willkür Moskaus, waren nichts anderes als Vasallenstaaten eines vermeintlich übermächtigen Reiches. Das muss ein Ende haben.

Die Sowjetzeit

Die Macht – und das Territorium – Russlands wuchs nach dem Ende des Zweiten Weltkriegs erheblich: Das gesamte heutige Gebiet von Belarus wurde Teil der Belarusischen Sozialistischen Sowjetrepublik und im Norden wurden die baltischen Staaten ebenfalls in die UdSSR eingegliedert.

Mit der Rückkehr der Sowjets kam auch die nächste Welle des Terrors in unser Land: Die durch den Einmarsch der Deutschen unterbrochenen Säuberungen wurden fortgesetzt. In den KGB-Gefängnissen wurden Menschen gefoltert und getötet. Selbst sowjetische Kriegsgefangene, die aus deutschen Lagern kamen, wurden oft genug nach Sibirien weitergeschickt, in die Gulags, die Arbeits- und Umerziehungslager der Sowjetunion. Stalin befürchtete, dass die Soldaten in den westlichen Gefangenenlagern mit feindlicher Ideologie, mit Demokratie und Kapitalismus, in Kontakt gekommen waren. Er hatte Angst, dass sich diese Ideen wie ein Virus verbreiten könnten.

Der Umgang mit diesen Soldaten, die für ihr Land gekämpft und ihr Leben riskiert hatten, zeigt, was der einzelne Mensch im großen Gefüge der UdSSR bedeutete: Nichts! Abhängig von der Gnade der Elite wurde das Leben des Einzelnen einem vermeintlich höheren Ziel geopfert. Noch heute zeigt sich dieses Denken in Russland. Es bildet die Grundlage der Korruption, der riesigen Schere zwischen Arm und Reich, des Gegensatzes zwischen den blühenden Städten und den riesigen Landstrichen, die noch immer auf dem Entwicklungsstand des frühen letzten Jahrhunderts sind.

Auch wurde zu dieser Zeit die Verstaatlichung der Landwirtschaft wieder aufgenommen: Die Bauern mussten ihre Betriebe abgeben, ihre Felder und Tiere wurden Kolchosen zugeschlagen. Hunger und Armut waren die Folge.

Mein Großvater Wanja weinte nur ein einziges Mal in meiner Gegenwart. Als er mir von dem Moment erzählte, als ihm sein Pferd genommen wurde. Er war noch sehr jung damals, aber er wusste genau, dass dieser Moment vieles in seinem Leben ändern würde. Die Freiheiten, die er gewohnt war, waren unwiederbringlich dahin. Das Leben würde noch härter werden, als es für belarusische Bauern ohnehin schon war.

Mir wurden als Kind viele Geschichten aus jener Zeit erzählt. Mir wurde erzählt, wie meine Großmutter bereits als Kindergartenkind morgens um 5 Uhr aufstehen musste. Wie sie sich im Dunkeln anzog und auf die Weide ging, um die Tiere zu versorgen. Wie sie ihre Füße im Misthaufen wärmen musste, weil sie weder richtige Schuhe noch passende Stiefel hatte. Wie sie sich schämte, wenn sie mit diesem Geruch an der Haut in der Schule saß. Dabei war sie nicht die Einzige im Dorf. Und sie war auch nicht die Letzte in unserer Familie, der es so erging. Meine Mutter erzählt Ähnliches.

Auch sie arbeitete bereits als kleines Kind auf dem Hof. Morgens, bevor sie in die Schule ging, nachmittags, wenn sie nach Hause kam. Bis in den Abend hinein. Die Tiere mussten versorgt werden, der Garten bestellt. Nur am Sonntag durfte die Arbeit ruhen, so sah es die katholische Kirche vor. Ein wirklich freier Tag war es aber dennoch nicht für sie: Sie musste zu Fuß zur Kirche gehen. Diese lag zehn Kilometer entfernt, was bedeutete, dass die ganze Familie morgens um 5 Uhr aufstehen musste, um rechtzeitig zum Gottesdienst zu kommen. Es gab keine Möglichkeit, dieser Verpflichtung zu entgehen: Die Messe war das wichtigste Ereignis der ganzen Woche.

Freunde hatte meine Mutter keine, dafür fehlte ihr schlicht die Zeit. Die Arbeit ließ ihr keinen Spielraum, sich nach der Schule zu verabreden, mit anderen Kindern zu spielen.

Es war ein armes, ein entbehrungsreiches Leben. Kein Wunder, dass viele Menschen wegwollten vom Land, es sie in die großen Städte zog.

Das war auch der Traum meiner Mutter: Sie schloss die höhere Schule ab und absolvierte eine Ausbildung als Buchhalterin, was ihr die Freiheit gab wegzuziehen. Sie bewarb sich in verschiedenen größeren Städten und fand schließlich in Grodno eine Stelle. Das war ein großer Schritt für sie, und sie tat ihn gemeinsam mit ihrem Mann, meinem Vater.

Mein Vater stammte aus einer Familie, die sich nach dem Zweiten Weltkrieg in Timkowitschi angesiedelt hatte, einem kleinen Ort, knapp 100 Kilometer südlich von Minsk. Dorthin war die Familie geflohen, nachdem die deutsche Armee ihr Heimatdorf zerstört hatte. Auch mein Vater hatte seinen Großvater im Krieg verloren. Dieser war von der sowjetischen Armee eingezogen worden und hatte im »Winterkrieg« 1939/40 gegen Finnland an der Front gekämpft. Mit diesem Angriffskrieg, bei dem mindestens 125 000 Rotarmisten starben, eroberte die Sowjetunion ein paar unbedeutende Landstriche im Osten von Finnland. Noch Jahre später fand man Leichen in den Sümpfen Kareliens. Mein Urgroßvater aber blieb weiter vermisst.

Er hinterließ eine Familie, der es zum Glück besser ging als der Familie meiner Mutter: Mein Großvater leitete eine größere Schule, meine Großmutter eine kleine Dorfschule. Das Schulgebäude aber war so marode, dass es fast lebensgefährlich war, Kinder dort zu unterrichten. Unermüdlich schrieb meine Großmutter Briefe, forderte Hilfe, Reparaturen und eine funktionierende Grundausstattung ein. Doch sie bekam nichts. Nicht einmal eine Antwort.

Das war in der Sowjetzeit normal: Probleme wurden ignoriert, wer etwas verändern wollte, musste es selbst tun. Also stellte meine Großmutter im Sommer kurzerhand alle Stühle und Tische nach draußen und unterrichtete im Schatten eines Baumes im Schulgarten. Kichernd erzählte sie mir, wie während des Unterrichts Äpfel aus dem Baum auf die Tische fielen. Das änderte zwar nichts an der Situation der Schule, doch der kreative und friedliche Widerstand war bezeichnend für meine Großmutter und für die Leichtigkeit, die ich verspürte, wenn ich längere Zeit bei ihr zu Gast sein durfte.

Mein Vater arbeitete als Ingenieur bei einem staatlichen Baukonzern. Das war mit ein Grund, weshalb meine Eltern ein Leben in der Stadt beginnen und die Enge des Dorfes hinter sich lassen konnten. Parallel zu dieser lang ersehnten privaten Veränderung ereigneten sich große Umbrüche in der Sowjetunion: Innerhalb kurzer Zeit änderte sich das Leben meiner Eltern und das Leben vieler anderer Menschen durch eine Reihe von Ereignissen fundamental. Es begann mit einer Katastrophe, die sich in einem kleinen Ort im Norden der Ukraine ereignete. Genauer gesagt, in Tschernobyl, das ungefähr 10 Kilometer südlich der Grenze zu Belarus liegt.

Radioaktiver Fallout

Am 26. April 1986 um 01:23 Uhr explodierte der Block Nummer 4 des Atomkraftwerks von Tschernobyl. Bei einer Sicherheitsübung war eine unkontrollierbare Kettenreaktion in Gang gesetzt worden. Das zwischen den Brennstäben eingesetzte Grafit entzündete sich, löste einen Brand aus, der zehn Tage lang nicht gelöscht werden konnte. Explosionen sprengten das Dach des Reaktors weg, und eine riesige Menge Radioaktivität wurde freigesetzt. Eine so hohe Strahlung war niemals zuvor gemessen worden: Sie war 200 Mal so stark wie die der Atombombe von Hiroshima. Und nur vergleichbar mit dem Unglück, das sich 25 Jahre später im japanischen Fukushima ereignen sollte, als eine Tsunamiwelle das dortige Kernkraftwerk traf, das Kühlsystem zerstörte und erneut ein explodierender Reaktor ein großes Stück Land verstrahlte.

Tschernobyl liegt direkt an der Grenze zwischen der Ukraine und Belarus. Der Wind wehte zum Zeitpunkt der Katastrophe nach Norden, Richtung Belarus, weshalb Belarus am schlimmsten von der Katastrophe betroffen war. 70 Prozent des radioaktiven Fallouts landeten hier bei uns. In wenigen Tagen wurde fast ein Viertel der Landesfläche verstrahlt, die Heimat von mehr als 8 Millionen Menschen, von denen rund 350 000 umgesiedelt wurden.

Die Behörden und vor allem die politischen Führungskader versuchten, das Unglück zu vertuschen. Viel zu spät, erst zehn Tage nach dem Unglück begannen die Evakuierungen rund um das Kraftwerk. In der Ukraine wurde der direkt neben dem Kraftwerk liegende Ort Prypjat zur Geisterstadt, im Süden von Belarus wurde eine 30 Kilometer breite Zone in der Nähe des Kraftwerks geräumt. Die Menschen wurden aus ihren Häusern geholt und ohne weitere Erklärungen nach Norden gebracht. Aber eines verstanden sie: Dass sie wohl nie wieder in ihre Heimat würden zurückkehren können.

Der Boden war verstrahlt, Tiere mussten geschlachtet werden, die hart erarbeitete Ernte verrottete auf den Feldern. Es entstand eine menschenleere Zone. Bis heute ist die Gegend ein Sperrgebiet, in dem niemand wohnen darf. Zumindest theoretisch. Denn viele alte Leute kehrten in ihre Heimat zurück. Sie wollen dort sterben, wo sie aufwuchsen, wo sie bis zur Katastrophe ihr ganzes Leben verbracht hatten.

Spätestens 1988, zwei Jahre nach dem Unglück, zeigte sich, dass der Unfall viel größere Auswirkungen hatte, als die offiziellen Stellen eingestehen wollten. Auch waren viele Menschen im Norden des Landes betroffen: Die Strahlung wirkte sich auch dort aus, wenn auch später. Viele Belarusen bekamen Lungen- und Magenkrebs. Die Zahl von Diabetes- oder bösartigen Bluterkrankungen stieg deutlich an. Zwei Millionen belarusische Kinder nahmen über die Umwelt radioaktives Jod auf. Die Wahrscheinlichkeit ist hoch, dass rund ein Drittel von ihnen im Laufe ihres Lebens an Schilddrüsenkrebs erkranken wird. Dieser ist seit damals eine Volkskrankheit. Zyniker prägten deshalb den Begriff der »Tschernobyl-Halskette« oder auch der »belarusischen Halskette«: Damit wird eine Narbe beschrieben, die quer über den Hals verläuft. Sie ist ein Zeichen dafür, dass dort ein Krebstumor entfernt wurde. Auch stieg in den Jahren nach der Katastrophe die Zahl der Kinder, die mit einer »Tschernobyl-AIDS« genannten Immunschwäche geboren wurden. Wie auch die Zahl der Missbildungen bei neugeborenen Kindern und die Zahl der Schwangerschaften, die in einer Fehlgeburt endeten.

Davon war auch meine Mutter betroffen: Sie erlitt in der Zeit nach Tschernobyl drei Fehlgeburten. Danach gab sie die Hoffnung auf, jemals wieder ein Kind, geschweige denn ein gesundes Kind, zu bekommen. Das sagten ihr auch die Ärzte. Für meine Mutter und unzählige junge Frauen in Belarus war das eine traumatische Erfahrung, unter der viele von ihnen noch heute leiden, 35 Jahre nach Tschernobyl.

Die Atomkatastrophe war einer der Wendepunkt in der Geschichte der Sowjetunion, eines der Ereignisse, die das Ende der UdSSR einleiteten: So sehr die Obrigkeit auch versuchte, die Katastrophe zu vertuschen, Tschernobyl konnte nicht verleugnet werden. Der Glaube an die vermeintliche Unfehlbarkeit des Staates war dahin, die Bevölkerung zutiefst verunsichert. – Und das zeigte sich auch in der Belarusischen Sowjetrepublik: Proteste für die Opfer des Unglücks begannen, die schnell auch die Forderung nach Reformen auf ihre Agenda setzten. Denn parallel zu den Folgen von Tschernobyl nahm die Wirtschaftsleistung ab und die Versorgungslage verschlechterte sich massiv. Die Staaten der Sowjetunion strichen Sozialleistungen, fuhren die Unterstützung ihrer Bürger zurück. Das Leben wurde schlechter, die Menschen noch ärmer.

Die Proteste jener Zeit bildeten den Nukleus der nachsowjetischen Zivilgesellschaft in Belarus und in einigen anderen Sowjetrepubliken. Nationale Bestrebungen wurden laut, eine Abspaltung von der Sowjetunion denkbar. Die baltischen Staaten waren die ersten, die die Union verlassen wollten. Und die Ukraine schloss sich diesem Wunsch bald an. Selbst Russland trat im Sommer 1990 aus der UdSSR aus, was die absurde Folge hatte, dass Moskau zwar Hauptstadt der Sowjetunion blieb, aber selbst nicht mehr dazugehörte. Die KPdSU war dort sogar verboten.

Die immense Wirtschaftskrise und der Zusammenbruch ganzer Industriezweige beschleunigten nicht nur das Ende der Sowjetunion, sondern legten gleichzeitig den Grundstein für neue Länder und neue Systeme. Und damit den Grundstein für ein neues Problem: Viele Menschen verbanden die neuen Systeme mit ihrem persönlichen wirtschaftlichen Absturz, mit dem Verlust ihrer beruflichen Existenz. Die neuen Freiheiten waren gut für diejenigen, die schnell und oft genug skrupellos zulangen konnten. Dazu zählten viele ehemalige Parteifunktionäre. Für sie gab es nun schnellen Reichtum und Macht, für die anderen dagegen Armut, Kälte und Hunger. So legte die neu entstehende Ordnung auch den Grundstein für autoritäre Strukturen in den ehemaligen Sowjetstaaten. Für die Macht der Oligarchen in Russland, für den langen Kampf der Ukraine gegen die auch dort herrschenden Oligarchen und für die Diktatur in Belarus, wo Alexander Lukaschenko die Not der Menschen spürte und mit dem Versprechen antrat, diese zu bekämpfen.

Ein neues Land

Die Trümmer der Sowjetunion

Am 23. August 1989 bildeten rund zwei Millionen Menschen eine über 600 Kilometer lange Menschenkette und verbanden Tallinn, Riga und Vilnius, die Hauptstädte der Sowjetrepubliken Estland, Lettland und Litauen. Genau 50 Jahre nach der Unterzeichnung des Hitler-Stalin-Pakts. 50 Jahre, nachdem zwei verbrecherische Regime freie Staaten unter sich aufgeteilt hatten und die baltischen Länder von der Sowjetunion eingenommen worden waren, forderten die Menschen Reformen und Freiheit, lehnten sich gegen die sowjetischen Strukturen und die Machthaber in Moskau auf.

Der »Baltische Weg« – so wurde diese Menschenkette genannt – zeigte die Solidarität der Menschen und der baltischen Staaten untereinander. Sie wollten die Sowjetunion verlassen, ihre Souveränität wiedererlangen. Sie waren erfolgreich, auch wenn sich die Sowjetmacht wehrte: In Vilnius starben am 13. Januar 1991 vierzehn Menschen. Sowjetische Panzer überrollten zwei von ihnen, Soldaten erschossen die anderen. Doch die sowjetischen Truppen zogen sich bald zurück und wichen dem friedlichen Protest Zehntausender Menschen. Die baltischen Staaten wandten sich von Russland ab. Sie suchten die Zusammenarbeit mit Finnland oder Schweden und trieben die Demokratisierung voran. Am 1. Mai 2004 traten sie schließlich der Europäischen Union und der Nato bei.

In Belarus ging der Wandel langsamer voran. Während die nördlichen Nachbarn ihre Chance ergriffen, wirkte die Führung des Landes wie gelähmt. Zu eng waren die Verbindungen nach Moskau, zu wenig fühlte sich Belarus damals als eigenständige Nation.

Am 25. August 1991 erklärte die BSSR, die Belarusische Sozialistische Sowjetrepublik, ihre Eigenständigkeit. Es gründete sich ein neues, freies Belarus unter der Führung des Wissenschaftlers Stanislau Schuschkewitsch. Dieser versuchte, aus dem Land eine Demokratie zu machen und es in Richtung einer sozialen Marktwirtschaft zu lenken. Bis zu seinem Tod im Frühjahr 2022 war er ein erbitterter Widersacher von Alexander Lukaschenko, an den er die Staatsführung mit den Wahlen von 1994 verlor.

Schuschkewitsch strebte eine enge Zusammenarbeit mit anderen ehemaligen Sowjetrepubliken an: Gemeinsam mit dem russischen Präsidenten Boris Jelzin und dem ukrainischen Regierungschef Leonid Krawtschuk besiegelte er das offizielle Ende der Sowjetunion. Die drei Länder gründeten im Dezember 1991 die Gemeinschaft unabhängiger Staaten, kurz GUS. Viele der ehemaligen östlichen Sowjetrepubliken schlossen sich der GUS an, darunter Aserbaidschan, Kasachstan und Tadschikistan. Das war ein pragmatischer Schritt: Die gegenseitigen Abhängigkeiten waren nach langen, gemeinsamen Jahrzehnten in der UdSSR sehr groß. Belarus war von den Rohstoffen aus Russland abhängig, andere Staaten, wie etwa Kasachstan, brauchten Dünger, der mit den Kalisalzen aus Belarus hergestellt wurde.

Die Staaten der GUS lösten sich kaum bis gar nicht aus den alten Strukturen. Viele Regierungschefs kamen aus dem Kader der KPdSU. Sie bereicherten sich am System, übernahmen Betriebe, die bis vor Kurzem staatlich gewesen waren, oder sicherten sich die Macht über riesige Gas- oder Ölvorkommen. So entstand das bis heute in Russland perfektionierte System einer korrupten und autokratischen Führung, die mit Oligarchen zusammenarbeitet und ein ganzes Land ausbeutet. In der Ukraine gab es ähnliche Bestrebungen: Auch hier arbeiteten Politiker und Oligarchen zusammen, nicht selten von Russland unterstützt. Dennoch war die Ukraine immer demokratischer, hatte wechselnde Regierungen und konnte 2014 mit der Revolution auf dem Maidan endlich einen stark Richtung Freiheit und Demokratie gehenden Kurs einschlagen.

Der Westen deutete den Zusammenbruch und Zerfall der Sowjetunion und des gesamten Ostblocks als Sieg des freiheitlichen, demokratischen – und kapitalistischen – Systems und beließ es dabei. Was diese neue Freiheit bedeutete, wurde selten klar. Nicht für die Staaten, nicht für die Menschen dort. Freiheit muss erdacht, erfunden und von der Bevölkerung unterstützt werden. Und das kann nur geschehen, wenn die Menschen unter würdigen Bedingungen leben. Wenn ihnen gezeigt wird, was Freiheit bedeutet, warum sie erstrebenswert ist.

Doch das geschah damals nicht. Deshalb sahen viele Menschen im Osten das Ende der Sowjetunion als Schande an, als Katastrophe, als persönliche Niederlage – und nicht als Chance. Sie wollten warme Wohnungen, Arbeit und Essen. Das Sowjetsystem hatte ihnen das alles gegeben, ihnen einen Rahmen verschafft, innerhalb dessen sie leben konnten. Und dieser war auf einmal verschwunden. Einige wenige Menschen nutzten die Chance und wurden sehr reich, viele andere hingegen bitterarm. Menschen verkauften ihr Hab und Gut, boten selbst gestrickte Socken und Handschuhe oder Gemüse aus ihren Gärten zum Verkauf an. Sie wurden überrollt von den Ereignissen. Niemand kümmerte sich damals um sie, niemand brachte ihnen bei, was es heißt, seine Chancen nutzen zu können.

Diese Menschen gibt es immer noch. Es sind die, die in Russland Putin unterstützen, weil er ihnen einen vermeintlich klaren Weg vorgibt, ihre Armut als Opfer für ein starkes Land verklärt. Es sind die, die in Belarus Lukaschenko wählen, weil er ihnen ein gutes Leben verspricht. Es sind die, die viel verloren haben. Doch viele dieser Menschen sind in den letzten Jahren aufgewacht. Und sie wehren sich.

Der Junge aus Kopys

Verprügelt, von den Dorfbewohnern geschnitten, von der Polizei ins Visier genommen: Alexander Lukaschenko wuchs als Außenseiter in einem kleinen Dorf auf. In Kopys, etwa 200 Kilometer östlich von Minsk am Dnjepr gelegen. Er war ein uneheliches Kind, seinen Vater kannte er nicht. Seine Mutter Ekaterina war Melkerin und Hilfsarbeiterin, sie erzog ihn allein. Der Junge war unbeliebt im Dorf, wie er später einem Freund erzählte. Weil er keinen Vater hatte, wurde er zur Zielscheibe der Dorfgemeinschaft. Auch die Polizei hatte ihn im Visier. Er führte ein einsames, trauriges Leben und entwickelte dabei einen großen Ehrgeiz. »Er muss sich damals gedacht haben: Wenn ich erwachsen bin, werde ich es allen zeigen«, glaubt der belarusische Schriftsteller Wladimir Nekljajew.

Dieser Junge war 1994, mit 40 Jahren, am Ziel seiner Träume: Er wurde zum Präsidenten von Belarus gewählt und herrscht seitdem mit zunehmender Härte über das Land.

Sein Karriereweg war typisch für viele Funktionäre in der Sowjetunion: Er studierte zunächst, Landwirtschaft und Geschichte, dann trat er den Grenztruppen bei und wurde Funktionär in der Jugendorganisation der KPdSU. Schließlich wechselte er in die Armee, spezialisierte sich auf Indoktrination und politische Bildung, wurde Parteifunktionär und leitete verschiedene Unternehmen – vom Baumaterialhandel bis zur Kolchose. Abgesehen von Gerüchten, dass er angeblich wegen Wahnvorstellungen aus der Armee entlassen worden sei, verlief sein Berufsleben in den üblichen Bahnen. – Bis er zum Ende der Sowjetzeit eine politische Laufbahn anstrebte.

1990 kandidierte Lukaschenko bei den Wahlen zum belarusischen Rat und wurde Abgeordneter. Er war einer der wenigen, die den Wandel nicht unterstützen wollten. Im Jahr darauf unterstützte er den Augustputsch in Moskau: Teile des sowjetischen Militärs versuchten vergeblich, den damaligen Generalsekretär der KPdSU, Michail Gorbatschow, zu stürzen. Dieser strebte mit »Glasnost« (Offenheit) und »Perestroika« (Umgestaltung) weitreichende Reformen an. Lukaschenko war zudem der einzige Abgeordnete des belarusischen Rates, der bei der Parlamentsabstimmung 1991 über die Unabhängigkeit des Landes gegen den Austritt aus der UdSSR stimmte.

Bekannt wurde Lukaschenko aber nicht nur durch konträre Positionen, sondern vor allem als Kämpfer gegen die Korruption. Sie war ein riesiges Problem, mit dem fast jeder Bürger in irgendeiner Form zu tun hatte. Schon in der Sowjetzeit war vieles über den Austausch von Geschenken und Gefälligkeiten gelaufen, und in dem jungen Staat breitete sich die Korruption noch weiter aus. Kaum etwas funktionierte ohne Schmiergeld.

Doch Lukaschenko nutzte seine Position als Vorsitzender des Antikorruptionsausschusses weniger zum Kampf gegen diesen Missstand, sondern vielmehr als Waffe gegen politische Gegner. So beschuldigte er Ende 1993 70 Regierungsmitglieder der Korruption, darunter Stanislaw Schuschkewitsch, den Vorsitzenden des Obersten Rates, des höchsten Regierungsgremiums des Landes. Die meisten Vorwürfe waren aus der Luft gegriffen und konnten nicht bewiesen werden. Im Fall von Schuschkewitsch waren sie geradezu absurd: Es ging um zwei Kisten Nägel für die Reparatur einer Datscha, die er aus staatlichen Beständen abgezweigt haben sollte. Doch der Schaden war angerichtet: Schuschkewitsch und seine Regierung überstanden ein von Lukaschenko initiiertes Misstrauensvotum nicht und traten zurück. Lukaschenko hingegen kandidierte bei den Präsidentschaftswahlen, die für den Sommer 1994 angesetzt worden waren. Es war die erste Wahl dieser Art: Das Amt des Präsidenten war gerade erst durch eine Verfassungsänderung eingeführt und mit einer großer Machtfülle ausgestattet worden.

»Helft dem Volk aus dem Abgrund« war Lukaschenkos Wahlslogan. Er tat seine Wirkung, auch weil Lukaschenko authentisch wirkte. Er sprach die Sprache des einfachen Volkes, der Arbeiter, der Bauern. Er war für viele Menschen ein Bruder im Geiste. Sie fühlten sich verstanden, hörten ihm zu, wenn er über Landwirtschaft sprach, über das harte Leben der Bauern. Die Inflation zu stoppen und die Armut zu bekämpfen, waren seine Ziele. Der »Abgrund an Auflösung und sozialer Explosion« sollte gestoppt werden, die Korruption und die Mafiastrukturen bekämpft, die sich angeblich an der Spitze des Staates verfestigt hätten.

Lukaschenko sprach die an, die durch das Ende der Sowjetunion alles verloren hatten. Nicht nur Geld, sondern auch ihre Würde. Er sprach für die, die mit der neuen Freiheit nichts anfangen konnten, weil sie nicht darauf vorbereitet waren. Er sprach die an, für die Freiheit gleichbedeutend mit Armut war. Gleichzeitig sprach er natürlich auch die Funktionäre und Seilschaften aus der Sowjetzeit an, die sich ihre Macht weiterhin sichern oder zurückholen wollten.

Lukaschenko konnte sich seines Wahlsiegs schon früh sicher sein. Dennoch zeigte sich bereits damals, dass er zur Sicherung seiner Macht vor wenig zurückschreckt: Um sein Image als harter Korruptionsbekämpfer zu stützen, inszenierte er ein Attentat auf sich. Unbekannte, so der Bericht des vermeintlichen Opfers und seiner Begleiter, schossen aus einem überholenden Auto auf seinen Wagen und versuchten dann, ihn von der Straße abzudrängen. Angeblich. Die Aussagen waren voller Widersprüche und Ungereimtheiten. Nichts von dem, was berichtet wurde, konnte sich so zugetragen haben. – Aber: Es war egal und blieb egal. Schon früh zeigte sich, dass Lukaschenko nicht nur gierig nach Macht war, sondern auch dreist genug, jede Möglichkeit zu nutzen, diese Macht zu festigen.

Im ersten Wahlgang verpasste er nur knapp die absolute Mehrheit. In der Stichwahl allerdings erhielt er 80,3 Prozent der Stimmen. Am 10. Juli 1994 war er der erste gewählte und seitdem einzige Präsident von Belarus. In den letzten wirklich freien Wahlen des Landes.

Das Ende des Neuanfangs

Druck auf Verlage und Fernsehsender, Kämpfe mit dem Parlament, Besinnung auf einen vermeintlichen Willen des Volkes: In kürzester Zeit machte sich Lukaschenko daran, den Staat nach seinem Willen zu formen. Missliebige Redakteure wurden entlassen, Zeitungen eingestellt und die staatliche Nachrichtenagentur BelTA direkt dem Präsidenten unterstellt. Dem Radiosender 102.1

wurde die Lizenz entzogen. Der Sender galt als progressiv, viele Musiker und Künstler, die schon gegen das Sowjetsystem opponiert hatten, arbeiteten dort.

All diesen Medien hatten eins gemeinsam: Sie berichteten unabhängig und waren vor allem kritisch gegenüber Lukaschenko und seinen autoritären Tendenzen. Anfangs gab es noch Protest, so zum Beispiel als Zeitungen als Zeichen gegen die Zensur eines Berichts über die Korruption im Land ihre Titelseiten unbedruckt ließen. Doch gegen die Macht des Präsidenten konnten sie nicht lange ankämpfen.

Ähnlich erging es der Opposition im Parlament: Sie wurde unterdrückt – und das auch mit Gewalt. Als etwa 1995 einige Abgeordnete in den Hungerstreik traten, stürmten Sicherheitskräfte auf Lukaschenkos Befehl hin das Parlament. Sie zwangen die Protestierenden unter Schlägen, das Gebäude zu verlassen.

Auch wies der neue Präsident die Behörden an, solche Entscheidungen des Verfassungsgerichts zu ignorieren, die sich gegen von ihm erlassene Dekrete richteten. Obwohl sich das Gericht wehrte, gewann Lukaschenko auch diesen Kampf. Der junge Staat hatte noch nicht die passenden Instrumente entwickelt, um seine Demokratie zu schützen.

Ein Jahr nach der Präsidentschaftswahl gab es eine erste Volksabstimmung. Entschieden werden sollte vor allem über Fragen, die das Verhältnis des Landes zur Vergangenheit neu definieren sollten. Sie zielten auf das Verhältnis zu Russland und zur eigenen Vergangenheit als Sowjetrepublik. So sollte Russisch neben Belarusisch wieder zur Amtssprache werden und Russland und Belarus an einer wirtschaftlichen Integration arbeiten. Zudem sollte das Land eine neue Flagge und ein neues Wappen bekommen. Nach der Unabhängigkeit waren die Farben des Landes Weiß,

Rot, Weiß geworden. Sie standen für den demokratischen Aufbruch, waren von der kurzlebigen Belarusischen Republik des frühen 20. Jahrhunderts übernommen. Lukaschenkos Vorschläge lehnten sich jedoch an die in Grün, Rot und Gold gehaltenen Symbole der Belarusischen Sowjetrepublik an. Er versprach sich davon die Erinnerung an vermeintlich gute Zeiten in der Sowjetunion: Die neuen Symbole sollten Stabilität und Orientierung versprechen. Zuletzt sollte noch der Unabhängigkeitstag vom 27. Juli auf den 3. Juli verlegt werden. Statt der Unabhängigkeit von der Sowjetunion sollte jetzt die Befreiung von der deutschen Besatzung im Zweiten Weltkrieg gefeiert werden.

All diese Symbole hatten und haben in Belarus eine große Bedeutung: Es geht dabei um das Verhältnis zu Russland, um die Frage, ob beide Länder Brudervölker sind, wie vor allem aus Russland oft zu hören ist, oder ob Belarus ein eigenständiges, für sich selbst verantwortliches Land ist. Die Frage war damals aktuell, und sie ist es heute noch viel mehr: Die imperialen Vorstellungen Russlands lassen ein eigenständiges Belarus kaum zu. Immer wieder wird eine Vereinigung beider Länder ins Spiel gebracht. Deutlich wurde das spätestens mit dem Beginn des Krieges gegen die Ukraine: Belarus wurde zum Aufmarschgebiet russischer Truppen, von seinem Boden aus wurde die Ukraine angegriffen. Ein wirklich unabhängiges Land hätte das kaum erlaubt.

Nach seiner Wahl begann Lukaschenko, das Land umzubauen – und viele Menschen störte das nicht, vielleicht bemerkten sie es nicht einmal. Denn die Armut blieb: Es war schwierig genug, sich und seine Familie über Wasser zu halten.

Der Sieg der Diktatur

Für den 24. November 1996 setzte Lukaschenko ein zweites Referendum an. – Oder, wie er es nannte, eine zweite Beratung mit seinem Volk. Es sollte eine neue Verfassung verabschiedet werden, die ihm noch mehr Macht einräumen sollte. Unter anderem wollte er die Möglichkeit haben, das Parlament aufzulösen. Der Ausgang der Abstimmung war von vornherein klar. Die Wahlen, die zwei Jahre zuvor stattgefunden hatten, waren frei und demokratisch gewesen, das Referendum aber war es nicht mehr.

Wähler wurden eingeschüchtert, Stimmzettel waren ungenügend gesichert, ihre Abgabe an die Wähler wurde nicht kontrolliert, unabhängige, internationale Wahlbeobachter wurden vielerorts nicht in die Wahllokale gelassen. Das Ergebnis wurde deshalb nur in Russland und einigen anderen Staaten der ehemaligen Sowjetunion anerkannt.

Auf das Referendum, bei dem Lukaschenkos Vorschläge bestätigt wurden, folgte ein letztes Aufbäumen der demokratischen Kräfte: Als der Leiter der Wahlkommission, Wiktar Hantschar, eine Untersuchung einleiten wollte, wurde er seines Amtes enthoben und der Korruption angeklagt. Seine Nachfolgerin wurde Lidija Jermoschina, die diesen Posten bis heute innehat. Drei Minister traten zurück und eine Gruppe Abgeordneter leitete ein Amtsenthebungsverfahren gegen Lukaschenko ein. Doch nach unverhohlenen Drohungen, die gegen sie selbst und ihre Familien ausgesprochen worden waren, zogen die meisten ihre Unterschrift zurück, und das Verfahren wurde eingestellt.

Zudem weigerte sich der Präsident des Verfassungsgerichts, den Eid auf die neue Verfassung zu leisten, und trat zurück. Der Oberste Rat von Belarus löste sich auf und erklärte die Schaffung einer Nationalversammlung. Dieses neue Parlament bestand zum größten Teil aus Abgeordneten, die loyal zu Alexander Lukaschenko standen. Von diesem Parlament hatte er nichts mehr zu fürchten.

Die wichtigsten Beamten des Landes konnten jetzt direkt vom Präsidenten ernannt werden, und er selbst war kaum noch angreifbar: Ein Amtsenthebungsverfahren war fast unmöglich geworden. Der Präsident durfte Dekrete erlassen, die über dem Gesetz standen, konnte jetzt Gesetze aushebeln, die ihm nicht passten, und niemand konnte ihn mehr zur Rechenschaft ziehen.

Direkt nach der Verabschiedung der neuen Verfassung begann Lukaschenko mit der Eliminierung seiner politischen Gegner – manchmal sogar im wahrsten Sinne des Wortes: Wie viele Hinweise nahelegen, wurden Oppositionelle in seinem Auftrag von Mitarbeitern des Geheimdienstes ermordet.

Der frühere Innenminister Juri Sacharenko, der ehemalige Vizepremier und Leiter der Wahlkommission Wiktar Hantschar und der Geschäftsmann Anatoli Krasowski waren die prominentesten Opfer. Sie verschwanden am 16. September 1999, dem Tag, an dem Lukaschenko in einer Rede Angriffe auf den »oppositionellen Abschaum« forderte.

Hantschar hatte ursprünglich geplant, drei Tage später auf diese Rede zu antworten, er wollte über die Arbeit der Regierung Rechenschaft ablegen. Aber vermutlich war er zu diesem Zeitpunkt bereits tot. Er wurde zuletzt mit den beiden anderen Männern vor einem Badehaus in Minsk gesehen. Ein paar Blutstropfen und zerbrochenes Fensterglas eines ihrer Autos waren die letzten Spuren. Bis heute ist ihr Verbleib ungeklärt: Weder sie noch ihre Leichen wurden je gefunden. Glaubt man einem ehemaligen Geheimdienstmitarbeiter, so wurden die drei Männer entführt, zu einer Grube außerhalb von Minsk gebracht und dort erschossen. Wahrscheinlich mit derselben Pistole, mit der auch der ehemalige Innenminister Juri Sacharenko nach seinem Verschwinden im Mai 1999 ermordet worden war. Der Befehl dazu war, laut des Geheimdienstmitarbeiters, von ganz oben gekommen. Von Lukaschenko.

Aber auch die kritische Presse verfolgte er gnadenlos: So wurde am 7. Juli 2000 der Fernsehjournalist Dimitri Sawadski entführt und vermutlich getötet. Er wollte seinen Kollegen Pawel Scheremet am Flughafen von Minsk treffen und kam dort nie an. Scheremet wiederum, der Belarus später verlassen musste, fiel am 20. Juli 2016 in Kiew einer Autobombe zum Opfer.

Dies sind nur einige Beispiele dafür, wie Lukaschenko missliebige Gegner zum Schweigen brachte. Zum Ende seiner ersten Amtszeit hatte er aus Belarus »die letzte Diktatur Europas« gemacht. In einer Zeit der Krise, der Unsicherheit und des Umbruchs hatte er die Nöte und Ängste der Menschen rücksichtslos zum Ausbau seiner Macht genutzt. Genau in diese Zeit wurde ich hineingeboren. In ein unfreies Land, in eine Familie und eine Gemeinschaft, die sich seitdem zwischen Repressionen, Missständen und Angst, zwischen Hoffnung, Mut und Tatkraft einen neuen Weg in die Zukunft sucht.

Eine typische Familie

Ein Leben im Wohnheim

Für meine Eltern fiel das Ende der Sowjetunion mit einem neuen Lebensabschnitt zusammen: Sie hatten ihr altes, enges Leben im Dorf aufgegeben, wollten in der Stadt ein neues, ein freieres Leben beginnen. Aber wie so viele andere Menschen auch, sahen sie sich nun auch ganz neuen Herausforderungen gegenüber: Sie mussten sich plötzlich in einer Welt zurechtfinden, in der alte Strukturen und neue Dynamiken eine immer größere Unsicherheit schufen.

Nach dem Ende der Sowjetunion war in Belarus das Geld kaum noch etwas wert. Die Inflation stieg rasant, die Regale in den Läden waren leer. Anders als in der Sowjetzeit war das wenige, das es noch gab, nicht mehr erschwinglich. Banden bildeten sich, Kriminelle hatten nahezu freie Bahn. Nicht nur die Wirtschaft, auch die öffentliche Ordnung war fast zusammengebrochen. Der Glaube an den Staat ging gegen null.

Anfang 1991 wurden die Ersparnisse vieler Menschen gestohlen, zumindest empfanden sie es so: Die Regierung führte neue Geldscheine ein, und für den Umtausch hatte man nur ganze drei Tage Zeit. Auch durfte man nur 1000 Rubel insgesamt wechseln. – Eigentlich: Denn wer schnell war, klapperte mit seinem Geld nicht nur Banken, sondern auch Bahnhöfe und U-Bahn-

Stationen ab, um sein altes Geld loszuwerden. Wer aber nicht schnell genug war oder weitab der Stadt wohnte, der hatte Pech. Das Geld, das man hatte, war wertlos geworden.

Kurz danach führte die Regierung eine Umsatzsteuer in Höhe von fünf Prozent ein und erhöhte die staatlich festgelegten Preise für viele Produkte um das Dreifache. Um die dringendste Not zu lindern, gab die Regierung Lebensmittelmarken aus. Das half dabei, nicht zu verhungern, doch es brachte weder die verlorenen Ersparnisse zurück, noch stärkte es das Vertrauen in die neuen Zeiten und in die Regierung. Viele Menschen waren dankbar, wenn sie überhaupt etwas zu essen hatten oder gar eine Unterkunft fanden. Wohnraum war knapp in Belarus, vor allem in den großen Städten. Ein Mittel, wenigstens ein wenig Platz für sich zu finden, waren die Wohnheime.

Wohnheim klingt für manche Menschen, gerade im Westen, romantisch. Sie denken dabei vielleicht an ihre Studienzeit, an ein nettes, zwangloses Zusammenleben. Doch Wohnheime waren in Belarus oft alte Wohnblöcke in sowjetischer Plattenbauweise. Sie waren die Unterkünfte der ganz Armen und der jungen Familien, überfüllte Behausungen für Leute, die sich nichts anderes leisten konnten.

Viele gehörten großen Firmen, die ihre Angestellten und Arbeiter darin unterbrachten. Für die Arbeitnehmer war das oft genug ein Schritt in eine große Abhängigkeit. Denn die Aufenthaltserlaubnis für eine Stadt hing daran, die sogenannte Propiska. Der Zuzug in die Städte wurde so streng kontrolliert: Wer sich irgendwo niederlassen wollte, brauchte sie. Vor allem dann, wenn man einen Antrag für eine größere Wohnung stellen wollte. Die Propiska war ein kafkaeskes Überbleibsel der Sowjetzeit und existierte noch bis Ende der 2000er-Jahre.

Die Wohnheime wurden zimmerweise vermietet. Pro Stockwerk gab es eine Küche mit zwei Herden, ein Gemeinschaftsbad und pro Paar ein Zimmer von acht Quadratmetern. Der Zustand der Häuser war schlecht: Lücken in den Fenstern mussten notdürftig gestopft werden, Heizungen liefen nur mit Glück, kamen aber selbst dann kaum gegen die bittere Winterkälte an, und das Essen teilten sich die Bewohner mit Kakerlaken

Meine Eltern arbeiteten für eine staatliche Baufirma, die auch Zimmer in Wohnheimen stellte. Mein Vater als Ingenieur, meine Mutter als Buchhalterin. So bekamen sie ihre Propiska und konnten sich damit auf eine Warteliste für eine richtige Wohnung setzen lassen. Das Warten erforderte allerdings sehr viel Geduld: Junge Paare bekamen meist erst nach zehn Jahren eine eigene Wohnung zugeteilt. So lange harrten sie auf ihren acht Quadratmetern aus. Oder auf 16, wenn sie Kinder und etwas Glück hatten. – Und meine Eltern hatten Glück: Die Geburt meines großen Bruders Aleh bedeutete für sie, dass sie Anrecht auf ein doppelt so großes Zimmer hatten. Und das bekamen sie auch. Sie teilten den Raum mit einem Regal und hatten somit gleich zwei kleine Zimmer. Es war eine sehr sowjetische Form, seinen Wohnraum zu verbessern. So fiel der betrunkene Nachbar, über den man immer klettern musste, wenn man aus oder in das Zimmer wollte, nicht mehr ganz so stark ins Gewicht.

Meine ersten Jahre

Ich wurde im Dezember 1994 in einem Krankenhaus in Grodno geboren, nur einen kurzen Gang von unserer Wohnung im Suchombajewa-Viertel entfernt.

Meine Mutter hatte sich damals gerade noch rechtzeitig auf den Weg machen können: Mein Vater war mit Freunden unterwegs, und sie hatte meinen Bruder Aleh nicht allein in der Wohnung lassen wollen. Aber in letzter Minute fand sie noch eine Nachbarin, die sich um ihn kümmern konnte.

Aleh war sieben Jahre alt und krank, schon seit längerer Zeit. Er brauchte Hilfe. Auf meinen Vater Viktor konnte sie dabei nicht zählen. Er konnte einfach nicht verstehen, dass sie mich nicht abgetrieben hatte. Von Anfang an hatte er klargemacht, dass er mich nicht wollte. Meiner Mutter war das egal. Sie ersehnte das kleine Mädchen mit den blauen Augen und den blonden Haaren, das ihr im Traum erschienen war. Das zumindest ist die Geschichte, die sie mir immer wieder erzählte. Dieser Traum hatte sie dazu gebracht, sich durchzusetzen, um mich zu kämpfen und gegen alle Widerstände ihr Kind zu bekommen.

Und es waren viele Widerstände: Meine Eltern waren arm, mein Vater hatte gerade wegen seiner Alkoholsucht seine Stelle verloren. Das einzige Einkommen der Familie bestand aus einer niedrigen staatlichen Unterstützung, einer Art Kindergeld. Unter diesen Umständen wollte niemand in Belarus Kinder haben. Abtreibungen waren an der Tagesordnung. Mein Vater drängte meine Mutter dazu, machte ihr Szenen, flehte sie an und bedrohte sie gar. Auch die Ärzte rieten ihr dazu. Sie sahen meinen kranken Bruder und befürchteten, dass ich ebenfalls gesundheitliche Probleme haben würde. Sie malten alle möglichen Horrorszenarien an die Wand: Ich würde Lungenprobleme haben, schwach sein, mit einer Behinderung geboren werden. Ich würde in eine Familie kommen, die dabei war auseinanderzubrechen. Sprich, ich wäre nur eine weitere Belastung für meine Eltern.

Diese Befürchtungen waren alle berechtigt. Schließlich hatte meine Mutter wegen Tschernobyl bereits drei Fehlgeburten erlitten und die Ärzte hatten ihr immer erzählt, dass sie nie Kinder bekommen könne. Schon die Geburt meines Bruders war deshalb ein Wunder gewesen. Als sie mit mir schwanger war, empfand sie es ähnlich. Zudem verbat ihr ihr katholischer Glaube, mich abzutreiben. Sie ertrug all die Warnungen und Drohungen. Vor allem aber ertrug sie meinen Vater, der, nachdem ihre Entscheidung feststand, während der ganzen Schwangerschaft kein einziges Wort mehr mit ihr sprach. Er verlor in dieser Zeit seine Arbeit und vertrank alles, was der Familie noch an Geld blieb. In den Tagen vor meiner Geburt verschwand er ganz, betrank sich mit seinen Freunden und kehrte erst nach meiner Geburt zurück.

Zu reden fing mein Vater erst wieder an, als es um meinen Namen ging. Meine Mutter wollte mir einen alten belarusischen Namen geben: Alesia, die Beschützerin. Aber mein Vater wollte mich erstaunlicherweise nach sich selbst nennen: Viktoria, die Siegreiche. Und mein Vater setzte sich durch. Ich habe den Namen meine ganze Kindheit und Jugend hindurch gehasst. Der Name erschien mir als Hohn: Ich war arm, wurde dafür in der Schule gehänselt, gemobbt und ausgelacht. Ich war das ganze Gegenteil von siegreich. Lichtblicke erlebte ich in meiner Kindheit nur wenige.

Backtag

»Riechst du das auch?« Wie ein Lauffeuer verbreitete sich die Nachricht unter uns Kindern auf der Etage. Wir rannten wie magisch angezogen zur Gemeinschaftsküche und sahen den Frauen zu, wie sie Teig rührten, leckeres Backwerk formten und über den

Ofen wachten. Wir waren immer darauf bedacht, ihnen nicht im Weg zu stehen und doch so nah wie möglich am Objekt unserer Begierde zu sein: Piroschki, Teigtaschen, die mit Kohl oder Fleisch gefüllt wurden, Draniki, belarusische Kartoffelpfannkuchen, die wir so gerne mit saurer Sahne aßen, oder auch Nalistniki, gefüllte dünne Pfannkuchen.

Für uns Kinder waren Backtage Festtage. Sie sind eine der schönsten Erinnerungen, die ich an meine frühe Kindheit habe. Erinnerungen an Momente der Gemeinsamkeit an einem Ort, an dem sonst wenig Rücksicht aufeinander genommen wurde. Wir Kinder galten eher als Störfaktor: Regelmäßig wurden wir von den Männern angebrüllt, die in den Hausfluren herumsaßen, sich betranken und eine Zigarette nach der anderen rauchten. Überall stank es nach Müll, und die Kakerlaken flitzten mit uns Kindern um die Wette.

Aber auch draußen war es nicht unbedingt besser: Wenn es warm war, saßen die Männer nicht im Haus, sondern auf dem Spielplatz herum. Auch dort soffen sie, rauchten, schrien herum und prügelten sich und, wenn wir nicht aufpassten, auch uns Kinder. Die Frauen saßen neben ihren Kinderwagen, unterhielten sich und versuchten, die Männer zu ignorieren. Diese Umgangsformen färbten ab: Auch unter uns Kindern gab es regelmäßig heftigen Streit. Spielzeug wurde kaputt gemacht oder geklaut, Gefährte entführt, heiß geliebte Kuscheltiere zerstört.

Die beengten Lebensumstände machten uns unglücklich, gereizt. Wir fanden keinerlei Ruhe, bekamen jeden Konflikt unserer Nachbarn hautnah mit. Wir teilten schmutzige Toiletten, kalte Duschen, überfüllte Küchen. Das war in Belarus in den 1990er-Jahren normal. Jede der Familien dort hätte eigentlich eine größere Wohnung gebraucht.

Alkohol

»Ehemann?«, fragte der Polizeibeamte nur, als er die blauen Flecken im Gesicht meiner Mutter sah. »Ja«, sagte diese vorsichtig. »Sie warten auf eine Wohnung?« »Ja, mein Mann steht auf der Liste.« »Sie wissen, dass er ins Gefängnis gehen wird, wenn Sie ihn anzeigen, und Sie dann auf der Straße sitzen?« Meine Mutter senkte den Kopf und verließ die Polizeiwache ohne ein weiteres Wort.

Wer in Belarus heiratete, blieb zusammen. Scheiden ließ man sich nicht. Für viele Frauen war die frühe Ehe eine Falle. Sie blieben an einen Mann gekettet, der sie wie sein Eigentum behandeln konnte oder einfach ignorierte. Auch meiner Mutter erging es so.

Mein Vater war kein böser Mensch, aber er war krank: Er war – und ist – Alkoholiker. Erste Anzeichen gab es schon sehr früh in der Ehe meiner Eltern. Immer wieder verschwand mein Vater abends und kam nachts betrunken zurück. Trinken zu können, viel zu vertragen, galt und gilt in Belarus als ein Zeichen von Männlichkeit. Und dort, wo mein Vater arbeitete, musste er diese vermeintliche Männlichkeit ständig beweisen.

Als Ingenieur leitete er Bautrupps an und war deshalb immer wieder wochenlang im ganzen Land unterwegs. Im Gegensatz zu vielen seiner Kollegen war er belesen, wusste über Geschichte und Politik Bescheid, war schlau, nachdenklich. Auf den Baustellen zählte das aber nicht. Es gab eine Rangordnung und in der musste er sich beweisen, musste sich den Respekt der Arbeiter verdienen. Der einfachste Weg war, mit ihnen zu trinken. Und bald hörte er nicht mehr damit auf, auch wenn er nach Hause kam.

So wie damals, als meine Mutter gerade mit meinem Bruder schwanger war. Sie hatte gekocht, aufwendig. Mein Vater kam von einer Geschäftsreise heim. Sie hatte sich auf ihn gefreut und wollte ihn teilhaben lassen an ihrer Freude über die Schwangerschaft. Der Bauch zeigte sich bereits. Doch mein Vater warf nur schnell seine Tasche ins Zimmer und wollte wieder gehen, um mit seinen Freunden zu trinken. Das Essen war ihm egal, meine Mutter auch. Sie stellte sich ihm in den Weg, wollte nicht akzeptieren, dass er einfach so wieder ging. Sie wollte mit ihm reden. Er wurde wütend, stieß sie zur Seite, schlug sie, ließ sie auf dem Boden liegen und verschwand. Es war nicht das erste Mal, dass er sie schlug, und es sollte nicht das letzte Mal sein. Wenn mein Vater getrunken hatte, wurde er nur allzu oft gewalttätig.

Meine Mutter brachte mich abends oft zu Nachbarn, damit ich solche Szenen nicht miterleben musste oder nicht selbst zum Opfer seines Zorns wurde. So wie sie und mein Bruder. Doch das half nicht immer. Manchmal war auch ich seine Zielscheibe. Er schlug mich oft. Vor allem dann, wenn ich in seinen Augen etwas falsch gemacht hatte.

Ich erinnere mich, wie mir einmal auf dem Rückweg vom Einkaufen eine Packung saure Sahne kaputt ging und sich der Inhalt in der ganzen Tragetasche verteilte. Ich erinnere mich an mein schlechtes Gewissen, an das Gefühl, etwas Schlimmes getan zu haben, und an die Angst davor, nach Hause zu gehen. Und diese Angst war berechtigt. Als mein Vater sah, was passiert war, griff er sich einen Gürtel und schlug zu. Die Schnalle traf mich mit voller Wucht. Ich hatte eine Platzwunde am Kopf, das Blut lief mir übers Gesicht. Dennoch glaubte ich, dass ich schuld war, dass ich diese Strafe verdient hatte. Es dauerte lange, bis ich dieses Gefühl ablegen konnte. Bis mir klar wurde, dass man Kindern so etwas nie antun darf.

»Wenn er dich schlägt, liebt er dich!« Diesen Satz habe ich nur zu oft gehört. Er ist falsch, er war falsch und er wird immer falsch sein! Ich sehe immer noch, wie sich mein Bruder Aleh als kleiner Junge zwischen meine Eltern warf, wie er sich vor meine Mutter stellte, wie mein Vater ihn zur Seite stieß und auf ihn einschlug. Wir hatten eigentlich immer Angst. Nie wussten wir, welcher Mann am Abend in der Tür stehen würde: der nette, freundliche Vater oder der jähzornige Schläger. Meist war es Letzterer.

Was in meiner Familie geschah, war keine Ausnahme. Wir hörten Streit aus den Nebenzimmern, wir hörten die Schläge, und wir sahen die blauen Flecken, die Verletzungen auch bei unseren Mitschülern. Und was in unserem Wohnheim geschah, geschah – und geschieht – im ganzen Land: Häusliche Gewalt ist immer noch ein großes Problem in Belarus. Jede dritte Frau erfährt sie am eigenen Leib. Doch das Problem wird ignoriert, denn das Regime sieht darin kein Problem. Lukaschenko weigert sich, häusliche Gewalt unter Strafe zu stellen. Es wäre für ihn ein Zeichen von Schwäche. Frauen vor prügelnden Männern zu schützen ist für ihn »Unfug, der aus dem Westen kommt«, wie er in einer Rede sagte. Um dann fortzufahren: »Wir werden weiter unsere eigene Lebenserfahrung nutzen, auf unsere belarusischen, slawischen Traditionen aufbauen. Im Westen werden sie bald keine Familien mehr haben, wenn Männer schon Männer heiraten. Niemand wird da sein, der Kinder gebiert. Von dort sollen wir Normen übernehmen, wie man sich in der Familie verhält?«

Diese »Traditionen« zeugen von einem überkommenen Familienbild. Indem Lukaschenko die Gefahren von Alkohol und häuslicher Gewalt öffentlich verharmlost, befeuert er sie. Denn beide hängen zusammen, beide bedingen sich in den meisten Fällen gegenseitig. Es sind die zwei größten Probleme vieler Familien im Land. Doch für den autoritären Staat ist Alkohol eine gute Droge: Wer viel trinkt, ist ruhig gestellt oder zumindest nicht mehr in der Lage, Widerstand zu leisten. Wer betrunken ist, stellt das System nicht infrage, empfindet die eigene Situation nicht mehr als ganz so schlimm. Anders gesagt: Die Menschen trinken sich ihr Elend schön, weshalb Alkohol schon in der Sowjetunion immer billig zu haben war, sehr viel billiger als wichtige Grundnahrungsmittel. In Belarus ist das noch heute so: Eine Flasche Wodka kostet kaum mehr als zwei Euro. Seit Jahrzehnten schon gehört das Land zu den Staaten in Europa, die, laut Statistik, den höchsten Alkoholverbrauch pro Kopf zu verzeichnen haben.

Meine Mutter ließ sich aber später dennoch scheiden, zehn Jahre nach ihrem ersten Besuch auf der Polizeiwache. Sie hatte sich eine eigene Existenz aufgebaut, sich finanziell unabhängig gemacht von dem Mann, der sie misshandelte. Sie war klug genug, einige der Freiheiten zu nutzen, die die postsowjetische Zeit bot – bevor der Staat in Belarus diese wieder einschränken sollte.

Eine Existenz aus dem Nichts

»Ich möchte eine Piroschki!« Ich rief laut über den Markt, weil ich mir in diesem Moment nichts Schöneres vorstellen konnte, als eine dieser leckeren Teigtaschen zu bekommen, die ich an einem Stand gesehen hatte. Irgendwann gab meine Mutter nach. Erst später erzählte sie mir, dass sie für meinen Wunsch den Verdienst eines ganzen Tages ausgeben musste und wir so ohne die dringend benötigten Einkäufe nach Hause gingen.

Es ist eine der Begebenheiten, die sich mir ins Gedächtnis brannten. Dieses Mischung aus Scham, Unverständnis und Schuld, die man nur als kleines Kind entwickeln kann. Eigentlich aber liebte ich die Märkte, lief mit meinem Bruder durch die Reihen, schaute mir an, was die Menschen verkauften, ließ mir Süßigkeiten zustecken oder freute mich, wenn mich die alten Frauen anlächelten, die über ihre Waren wachten.

Märkte gab und gibt es in jeder belarusischen Stadt. Offiziell sind sie illegal, werden aber geduldet. Die Menschen, die dort für wenig Geld Dinge verkaufen, haben kaum ein anderes Einkommen, weshalb es Unmut schüren würde, wenn die Polizei das Verbot durchsetzen würde. Mal entstehen sie in engen Gassen, wo Händler Zelte aufbauen, mal liegen sie an Straßenkreuzungen, mal liegen sie versteckt hinter Einkaufszentren. Oft genug sind die Händlerinnen alte Frauen in bunten Kleidern, die Obst und Gemüse aus dem eigenen Garten verkaufen. Je nach Jahreszeit gibt es Äpfel, Beeren, Kräuter und Kartoffeln zu kaufen oder eingelegtes Gemüse und frisch gebackene Piroschki, die sich viele Leute dort in ihrer Mittagspause holen. Auf den größeren Märkten gibt es Kleidung, gefälschte Markenware, die über Russland den Weg aus China dorthin findet. Und immer gibt es kleine Stände, an denen Frauen selbst gemachte Handschuhe, Mützen oder Pullover feilbieten. So wie meine Mutter damals.

Mit ihrem kleinen Stand verdiente sie genug Geld, um uns über Wasser zu halten. Sie hatte treue Kunden, die oft auch wegen uns Kindern vorbeischauten. Bis heute ist mir nicht klar, ob wirklich alle so regelmäßig neue Socken brauchten oder ob sie nicht aus Mitleid immer wieder Socken kauften, für die sie eigentlich keine Verwendung hatten. Wenn ich an die Zeit zurückdenke, sehe ich meine Mutter immer mit dem Strickzeug in der Hand, wie sie fleißig an Socken, Handschuhen oder manchmal einem Pullover arbeitet. Sie strickte mit mir als Baby auf dem Schoß, sie strickte, während sie in unserem engen Zimmer auf meinen Vater wartete, während sie mir auf dem Spielplatz zuschaute und während sie auf dem Markt saß und versuchte, ihre Waren zu verkaufen. Sie tat es, weil es nötig war. Da sie zwei Kinder versorgen musste, konnte sie nicht in ihren Beruf zurück. Und mein Vater war meistens arbeitslos und kümmerte sich nicht um uns.

Aber trotz all der harten Arbeit bedeutete der Markt für meine Mutter einen Weg in die Freiheit: Sie fasste durch ihre Arbeit den Mut, sich selbstständig zu machen, etwas Größeres anzupacken. Dass sie das Stricken nicht wirklich weiterbringen würde, sah sie bald: Es ist eine aufwendige, langsame Arbeit, und der Gewinn ist nicht hoch. Aber ihr machte das Herstellen und vor allem das Verkaufen Spaß, sie konnte gut handeln. So entstand die Idee, eine kleine Näherei zu gründen.

Weil meine Mutter schon so lange auf Märkten unterwegs gewesen war, wusste sie, welche Dinge besonders gefragt waren. Stoffe zum Beispiel waren und sind sehr beliebt. Sie schaffte sich ein kleines Auto an, fuhr über die Grenze nach Polen und kaufte dort ein. Vieles war dort günstiger und einfacher zu bekommen als in Belarus. Zudem liegt die Grenze nicht einmal 20 Kilometer von Grodno entfernt, und nach Białystok, der nächstgrößeren Stadt, sind es gerade mal 70 Kilometer.

Wenn es irgendwie möglich war, nahm meine Mutter uns mit. Für Aleh und mich waren diese Fahrten ein Erlebnis. Wir kamen raus aus der Wohnung, aus der beengten Umgebung, und sahen etwas anderes. Ich fand es aufregend und auch immer ein wenig unheimlich, über die Grenze zu fahren. Es war spannend, fremde Städte zu sehen – und es war der Höhepunkt jeder Reise, ganz besondere Süßigkeiten und Getränke zu bekommen.

Eine unserer Reisen führte uns bis nach Moskau. Wir fuhren durch Minsk, durch Smolensk, durch Städte, von denen ich gehört, aber noch nie Bilder gesehen hatte. Wir fuhren durch die Weite Russlands und kamen schließlich nach über 1000 Kilometern in Moskau an. Ich hätte gerne die Sehenswürdigkeiten gesehen, doch das passte nicht in die Pläne meiner Mutter. Sie wollte handeln und suchte den großen asiatischen Markt, den Markt, auf dem mit Stoffen, mit Lebensmitteln und vielen anderen Dingen gehandelt wurde, die aus Asien kamen, aus dem fernen Osten Russlands und aus China. Ich hatte so etwas noch nie gesehen und war fasziniert.

Faszinierend war für mich auch der Blick auf die Straßen Moskaus und der Dörfer und Städte Russlands, durch die wir kamen. Ich wusste, dass Belarus nicht reich war und meine Familie arm. Doch hier sprang mich die Armut an. Ich sah alte Menschen, die bettelten, Wohnbezirke in den Städten, die heruntergekommen waren. Viele der Plattenbauten sahen schlimmer als alles aus, was ich aus dem Wohnheim kannte. Ich sah Menschen, die mit alten, nur notdürftig reparierten Autos durch die Gegend fuhren. Und gleichzeitig sah ich den unglaublichen Reichtum, den andere Menschen demonstrativ zur Schau stellten. Männer und Frauen, mit teurer Sonnenbrille auf der Nase, die in ihrem Porsche, BMW oder Mercedes saßen und verächtlich auf die anderen schauten. Es waren Autos, die sich nur leisten konnte, wer viel Geld hatte. Und das auch zeigen wollte. In kurzer Zeit lernte ich sehr viel über die russische Gesellschaft, über Standesunterschiede, über Rücksichtslosigkeit und Egoismus. Auch wenn ich meine Eindrücke erst einordnen konnte, als ich schon deutlich älter war. Es war eine Kultur, die von Grodno sehr weit entfernt war, viel weiter als Polen oder Litauen. Alexander Lukaschenko aber sah das anders und baute mit seiner Politik weiter auf die Fundamente der Vergangenheit.

Schule und Lernen

Ein Geschenk für einen Schulplatz

Die Schule Nummer 14 in Grodno war sauber und frisch renoviert. Sie hatte einen guten Ruf und einen Unterrichtsplan, der sich von anderen Schulen unterschied: Englisch zum Beispiel war eines der wichtigen Fächer, im Gegensatz zum sonst allgegenwärtigen Russisch. Die Schule Nummer 14 galt als eine der angesehensten der Stadt.

Ich ging auf diese Schule, obwohl ich dort eigentlich nicht hingehörte: Sie war für reichere Menschen als meine Eltern gedacht, und so war der Preis für ihren Besuch gerade für arme Familien hoch.

Und damit meine ich nicht Schulgeld: Das gab es nicht. Schulen waren und sind in Belarus staatlich und stehen jedem offen – zumindest theoretisch. Doch je besser der Ruf einer Schule, je mehr Chancen man sich dort für seine Kinder verspricht, desto teurer wird es, dort einen Platz zu bekommen, desto größer müssen die Geschenke ausfallen.

Bestechung war und ist in Belarus weitverbreitet. Gerade an Schulen oder im Gesundheitssystem ist es ganz normal, dass an entscheidenden Stellen extra bezahlt wird. Wer dringend behandelt werden möchte, wer wichtige oder seltene Medikamente braucht oder eben einen Platz auf einer guten Schule sucht, sollte ein Geschenk für die Verantwortlichen nicht vergessen. Die Regeln kennt jeder, das Spiel wird von allen mitgespielt.

Lehrer und Ärzte werden gering entlohnt, viele Einrichtungen haben eine schlechte Ausstattung. Für viele ist es deshalb pure Notwendigkeit, Geschenke anzunehmen: Sie hätten sonst zu wenig Geld zum Leben. In der Entlohnung spiegelt sich das niedrige Ansehen akademischer Berufe in Belarus wider. Gleichzeitig sind diese Menschen natürlich extrem wichtig. Es ist ein Widerspruch, der vielen Belarusen klar ist, weshalb Bestechungsgeschenke auch ein Zeichen der Anerkennung sind.

Ich weiß nicht, was meine Eltern für unsere Schulplätze zahlen mussten. Ein teurer Wein oder ein großer Präsentkorb war es mindestens. Dazu kamen aber weitere Geschenke, die im Laufe unserer Schullaufbahn gemacht werden mussten. Meine Eltern legten immer wieder Geld zur Seite, um die Wünsche der Lehrer zu erfüllen. Manchmal hingen diese mit der Ausstattung der Schule zusammen: Dann wurde zum Beispiel Farbe für die Klassenzimmer gekauft oder neue Stühle oder Tafeln angeschafft. Manchmal aber waren es auch ganz private Wünsche und Bedürfnisse. Dann legten die Eltern zusammen, um Lehrern einen neuen Kühlschrank zu finanzieren oder auch eine goldene Halskette zu besorgen, die dann ganz feierlich überreicht wurde. Korruption war so sehr Teil des Schulalltags, dass niemand daran Anstoß nahm.

Lange Schultage

Am liebsten war ich eine alte Oma oder ein Monster: In unserem Theaterstück am Ende des Schuljahres übernahm ich immer die Rollen, die niemand wollte. Ich wollte kurz zeigen, dass mehr in mir steckte als das verschüchterte und widerspenstige Kind, als das ich sonst in Erscheinung trat. Ich hatte kurze Momente im Rampenlicht, und ich genoss sie. – Im Gegensatz zur Schule: Ich hasste die Grundschule. Ich passte nicht zu den anderen Kindern in der Schule Nummer 14. Viele Eltern waren vergleichsweise reich, teilweise hatten sie sogar eigene Häuser. – Eine große Ausnahme in unserer Gegend, die vor allem von den alten Wohnblöcken aus Sowjetzeiten dominiert wurde. Viele Kinder aus meiner Klasse trugen Markenklamotten, hatten schon früh eigene Handys. Sie fühlten sich wichtig und überlegen, hatten ihre eigenen Codes. Für sie existierte ich eigentlich nicht. Und wenn, dann nur als Mobbing-Opfer.

Es gab eine strikte Rangordnung in der Schule, die auch von den Lehrern beachtet wurde. Meine Grundschullehrerin machte es zum Beispiel so: Sie suchte sich Schüler aus, die sie in den Himmel lobte, und sie suchte sich welche aus, die sie vor der ganzen Klasse bloßstellen konnte. Dazu gehörte ich. Ich war in den ersten Schuljahren nicht gut und vergaß oft meine Hausaufgaben. – Kein Wunder, denn meine Eltern hatten genug mit sich selbst zu tun, und ich war ganz auf mich gestellt. Ich war ein wütendes Kind, war schüchtern und gleichzeitig aufmüpfig. Ein sehr verschlossenes Kind, das ängstlich war, das sich nicht wohl fühlte in der Schule, in der Umgebung, in der es auf einmal gelandet war. Ich hätte Hilfe gebraucht, um mit all dem klarzukommen, was ich zu Hause erleben musste.

Immer wieder sollte ich meine Hausaufgaben vorlesen oder zeigen. Ich konnte es oft genug nicht. Ich musste aufstehen, mich entschuldigen, der Klasse sagen, wie schlecht ich sei, wie unzuverlässig. Ich schämte mich. Noch heute fühle ich mich an meine Grundschulzeit erinnert, wenn ich Aufnahmen aus Belarus sehe, Videos, in denen Oppositionelle gezwungen werden, sich öffentlich zu entschuldigen und sich als schlechte Menschen zu bezeichnen. Es ist ein Akt der öffentlichen Demütigung, der schon in der Schule gelehrt wird.

Aber auch meine Mitschüler schikanierten mich. Ich war einfach anders als sie. Wir waren nicht reich, auch wenn wir uns öfter so fühlten. Schließlich hatte man uns, knapp ein Jahr bevor ich in die Schule kam, endlich eine eigene Wohnung zugeteilt. Sie lag nur ein paar Straßen vom Wohnheim entfernt, in einem Bezirk, den wir das »Fort« nannten. Die Hochhäuser entlang des Boulevards Lenin-Komsomol wirkten ein wenig wie die Mauern einer Burg. Wir hatten endlich eine eigene Küche, ein eigenes Bad und mehr als ein Zimmer.

Doch in den Augen meiner Mitschüler war ich arm: Ich trug billige Kleidung, oft genug gebraucht. Ich sah arm aus. Ich fühlte es, und die anderen spürten das. Sie grenzten mich aus. Bis auf Hanna und Natascha. Die beiden waren, genau wie ich, Außenseiter in der Klasse. Hanna kam aus einer jüdischen Familie, Natascha aus einer streng orthodoxen. Wir bildeten schnell eine kleine eingeschworene Gemeinschaft, ein kleines Widerstandsnest gegen den Rest der Welt. Zumindest gegen den Rest der Schule. Mit den beiden, ohne die ich diese schwierige Zeit kaum überstanden hätte, bin ich bis heute eng befreundet.

Schulbeginn war um 8 Uhr. Pünktlich zwängten wir uns auf die harten Holzbänke, legten unsere Hefte und Stifte bereit, woraufhin uns die Lehrerin zur Begrüßung einmal kurz aufstehen ließ. In den nächsten Stunden lernten wir schreiben, lesen, rechnen. Immer mit der gleichen Lehrerin, denn in der Grundschule wechselten sich die Lehrer nicht ab. Im Gegensatz zu vielen meiner Mitschüler empfand ich es als Glück, wenn ich Kantinendienst hatte, bei dem eine Gruppe Schüler die Essensausgabe vorbereitete: Ich konnte eine halbe Stunde früher aus dem Unterricht verschwinden. Um zwölf gab es Essen. Meistens gab es eine Art Haferbrei, dazu ein sehr spezielles Getränk aus Kräutern und Beeren, aus denen aller Geschmack herausgekocht worden war. Es gab niemanden in der Schule, der das Essen mochte. Vermutlich war das Rezept ein Überbleibsel aus der Sowjetzeit: etwas, das billig und zumindest ein bisschen nahrhaft war.

Nachmittags gab es meist Fächer wie »Belarus – Mein Heimatland«. Stundenlang ging es um die Größe und die Macht von Belarus und natürlich seinen Anführer, den, wie ich damals fand, merkwürdigen Mann mit der Fistelstimme und dem albernen Schnurrbart: Alexander Lukaschenko. »Belarus – Mein Heimatland« sollte uns auf unsere Zukunft vorbereiten: die Jungen auf den späteren Dienst in der Armee, uns Mädchen auf vor allem Haushaltsführung und Näharbeiten. Die Schule diente und dient in Belarus der politischen Erziehung, schon von den ersten Klassen an.

Und deshalb hängt Lukaschenkos Foto in jedem Raum – genau wie das von ihm eingeführte Wappen von Belarus. Dieser Verweis auf die frühere Sowjetrepublik, dieses Symbol für Unterdrückung und Unterwerfung. Unter diesem Wappen habe ich den Widerstand erprobt. – Das erste Mal am Ende der vierten Klasse, gemeinsam mit meinen Freundinnen.

Erster Widerstand

»Wie könnt ihr es wagen!« Unsere Lehrerin war verstört. Das zeigte sich daran, dass sie uns vor der gesamten Klasse anschrie. Gerade hatte ich ihr gesagt, dass wir nicht zu den Pionieren gehen würden. Und das war etwas, das in ihrer Welt nicht vorgesehen war und sie sichtlich durcheinander brachte. Jeder und jede in der Schule ging – und geht – zu den Pionieren, eine Weigerung war nicht vorgesehen. Wir wurden zum Direktor zitiert. Der erklärte uns, warum wir zu den Pionieren gehen müssen. Es sei eine wunderbare Gelegenheit, mehr über unser Land, über unsere Gesellschaft zu lernen. Sich selbst einzubringen, seinen Teil zu leisten. Wer dabei sei, werde es später einmal sehr weit bringen. Überzeugt hat er uns nicht.

Die Pioniere sind eine Jugendorganisation, die sich am Modell der Jugendgruppen in der UdSSR orientiert: Uniformen, Zeltlager, politische Erziehung im Stil der Sowjetunion. Von jedem Kind in Belarus wird erwartet, dass es am Ende der Grundschulzeit dort Mitglied wird. Anders als in der UdSSR, wo die Pioniere soziale Aufgaben übernahmen und zum Beispiel Veteranen halfen, geht es in Belarus hauptsächlich darum, in Ideologieschulungen zu gehen – und als Kulisse bei Großveranstaltungen des Staates zu dienen. Mit weißen Hemden und roten Halstüchern bekleidet stellen die Pioniere bei solchen Anlässen oft große Teile des Publikums. Sie werden eingesetzt, um die Ränge zu füllen, damit es nicht so leer aussieht in den Stadien, bei den Siegesparaden zum Ende des Zweiten Weltkriegs am 9. Mai oder bei den immer noch stattfindenden Feierlichkeiten für die russische Oktoberrevolution. Pioniere werden auch bei Sportveranstaltungen gebraucht: Sie werden in Bussen zu den Austragungsorten gebracht, wenn diese nicht ausverkauft sind. Vor allem beim Eishockey, dem Lieblingssport von Alexander Lukaschenko, dürfen keine leeren Plätze im Stadion zu sehen sein. Viele Kinder finden das toll. Schließlich heißt das oft genug, dass Schulstunden oder ganze Schultage ausfallen.

Wir aber fanden Eishockey langweilig und die Pioniere sowieso. Das Schulsystem wollte uns nicht, also wollten wir es auch nicht. Wir drei sahen die Pioniergruppen als Fortsetzung des Schullebens mit ähnlichen Mitteln. Auch dort wären wir sicher gemobbt und geschnitten worden und sahen deshalb noch weniger Sinn darin teilzunehmen. Und wir lernten dabei etwas sehr Wichtiges: Das System kann komplett hilflos sein, wenn etwas nicht nach Plan läuft. Bei unserem Termin mit dem Direktor erkannten wir, dass es ihm nur darum ging, möglichst alle Kinder seiner Schule zu den Pionieren zu schicken. Ansonsten würde er sich gegenüber seinen Vorgesetzten rechtfertigen müssen. Seine Führungsqualitäten könnten infrage gestellt werden, möglicherweise hätte er sogar Repressionen zu fürchten. Er war gefangen im System der Angst eines autoritären Regimes, aber er wusste nicht, was er anderes tun konnte, außer Druck auszuüben. Er drohte uns damit, unsere Eltern vorzuladen, ihnen alles zu erzählen. Ich konnte aber nur mit den Augen rollen. Schließlich würde es meine Eltern kaum kümmern. Meine Mutter war damit beschäftigt, die Familie zu ernähren, und mein Vater war vermutlich betrunken, mit Freunden unterwegs. Der Einzige in meiner Familie, der mir half, war mein Bruder.

Alehs Musik

»Freiheit!« Wir alle riefen das Wort, während N.R.M. spielte. Es war das erste richtig laute Konzert, auf dem ich war, und es war wie ein Energieschub, einer der Momente im Leben, in denen sich Perspektiven verändern. Die Musik gab uns allen Kraft. Um mich herum sah ich glückliche, entschlossene Gesichter, erkannte bei vielen ein Funkeln in den Augen. Eine bessere Welt konnte möglich sein für uns. Wir glaubten es. Sofort.

»Freiheit!« Das Wort wurde zum Schlachtruf, es verband uns, gab uns Hoffnung. Es öffnete uns die Augen, ließ uns nachdenken über den Zustand unseres Lebens, unseres Landes. Wer sich in die Musik fallen, die Gitarrenklänge über sich hinwegschweben ließ, die Texte der Lieder aufsaugte, war bereit, sofort loszuziehen und den Aufstand zu beginnen.

Nie zuvor war ich mit so vielen Gleichgesinnten in einen Raum gewesen. Ich spürte die Kraft der Musik, merkte, dass ich nicht allein war mit meinen Zweifeln am Zustand des Landes. Ich erkannte, dass es andere gab, die den Zustand des Landes, der Gesellschaft infrage stellten und mehr wollten, als sich in einer immer repressiver werdenden Diktatur anzupassen. Sie wollten mehr, als sich möglichst reibungslos durch das Leben zu bewegen. Wie mein Bruder Aleh, wie ich.

Aleh ist sieben Jahre älter als ich. Er nahm mich das erste Mal auf ein Konzert mit, als ich ungefähr zwölf Jahre alt war. Wir hatten schon so viel gemeinsam erlebt und ertragen. Seit ich denken konnte, war er immer da gewesen. Um mich und meine Mutter gegen die Ausfälle meines Vaters zu verteidigen. Um mit mir zusammen die Märkte zu erkunden, auf denen meine Mutter ihre

Sachen verkaufte. Um die Süßigkeiten zu teilen, die wir dort zugesteckt bekamen. Um die langen Sommerferien bei unserer Großmutter durchzustehen, wo wir viel im Stall oder im Garten arbeiten mussten und nur selten Zeit hatten, mit einem Eis in der Sonne zu sitzen.

Als ich in die Grundschule ging, war mein Bruder schon viel erfahrener und abgeklärter als ich. Er wusste, was er wollte und was zählte. Er war mein erster und wahrscheinlich bester Lehrer. Oft setzte er sich nach einem schlimmen Schultag zu mir, erklärte mir Dinge, half mir, wenn ich nicht weiterwusste. Er motivierte mich und brachte mich dazu, nicht aufzugeben, auch wenn alles um mich herum düster aussah. Mein Denken war oft schwarz oder weiß, und er zeigte mir, dass man Dinge hinterfragen kann, ohne sie gleich komplett abzulehnen. Vor allem aber ermutigte er mich dazu, selbstständig zu denken, Autoritäten infrage zu stellen.

Aleh ging gern auf Konzerte, und N.R.M. war eine seiner Lieblingsbands. Wie auch Neuro Dubel oder Wiktor Zoi. Diese Bands sangen auf Belarusisch, waren politisch, aufmüpfig und immer wieder großartig.

Zur Zeit unseres Konzertbesuchs bereitete sich Aleh gerade auf sein Studium vor. Nicht nur, weil er das wollte, sondern auch, um den Beginn seines Militärdienstes hinauszuzögern. Er wollte nicht gleich in die staatliche Maschinerie eingebunden werden. Heute wäre er mit dieser Einstellung ein Regimegegner und würde ständig in Gefahr schweben. Damals war es leichter, gegen das Regime zu sein – oder vielleicht einfach nur ein Jugendlicher zu sein, der gute Musik mag.

Unsere Sprache, unsere Kultur

Belarusisch war zu Sowjetzeiten verpönt. Es wurde nicht an den Schulen gelehrt. Im neu entstehenden Belarus war die Sprache hingegen identitätsstiftend, gerade im Westen des Landes. Viele Menschen empfanden es als Befreiung, ihre eigene Sprache unbefangen sprechen zu können: Sie stand für eine Zukunft in Freiheit. Und das war einer der Gründe, warum Lukaschenko so bald nach seinem Machtantritt Russisch als zweite Landessprache zuließ und die Behörden anwies, eher auf Russisch als auf Belarusisch zu kommunizieren.

Ljawon Wolski hatte schon in der UdSSR die Kraft der eigenen Sprache erkannt. Er ist Maler, Dichter, Sänger und gründete 1981 in Minsk die Band N.R.M. Damals hieß die Band einfach nur Mroja, Träume. Mroja war die erste Band, die Musik mit belarusischen Texten veröffentlichen konnte. In den 1980er-Jahren, bei einem sowjetischen Label. Das war eine Sensation.

Schon die Wahl der Sprache transportierte eine Haltung, eine Eigenständigkeit, die die Obrigkeit immer wieder verunsicherte. Deshalb musste N.R.M. auch nie explizit politische Texte machen. Die Haltung dahinter wurde trotzdem deutlich.

So bekam die Band auch immer wieder Auftrittsverbot und spielte Konzerte im Untergrund. Die Mitglieder von N.R.M. waren davon besessen, Dinge zu ändern, sich nicht zu verbiegen: Sie spielten 2004 zum Beispiel in der Ukraine, um die Orangene Revolution zu unterstützen, und traten bei einem Festival auf, das oppositionelle Bands anlässlich der zehnjährigen Machtübernahme von Lukaschenko organisiert hatten. Das Festival war von den Behörden genehmigt worden, wurde aber zu einer Feier der Opposition. Wenig erstaunlich, dass viele Bands danach mit einem Auftrittsverbot belegt wurden und ihre Musik nicht mehr im Radio gespielt werden durfte. Mehr als zwei Jahre blieben diese Maßnahmen in Kraft.

Aber auch danach war es für viele Bands weiterhin schwierig, in Belarus aufzutreten: Immer wieder mussten Kompromisse eingegangen oder Konzerte im Geheimen organisiert werden. Die Musiker wichen deshalb oft in die umliegenden Länder aus, spielten in Städten entlang der Grenze in der Ukraine, in Polen oder Litauen. In Städten wie Kiew, Białystok oder Vilnius – dort, wo der Arm Lukaschenkos nicht hinreichte. Oder zumindest der Geheimdienst nur zuschauen, aber das Konzert nicht abbrechen konnte.

Manchmal ließen sich die Behörden aber auch nur zu leicht täuschen. Ljawon Wolski wüsste da sicher einiges zu erzählen. Nach seinem Ausstieg bei N.R.M. gründete er 2001 eine neue Band: Krambambula. Auch Krambambula hatte und hat mit Auftrittsverboten zu kämpfen, weshalb Wolski manchmal unter seinem Namen auftritt und sich dabei von den Mitgliedern der Band begleiten lässt und auch deren Lieder spielt. Es ist einfach absurd. – Aber auch so funktionierte und funktioniert Belarus unter Lukaschenko: Die Behörden agieren unbeholfen, folgen Anordnungen. Eigenständiges Denken, eigenständige Entscheidungen sind nicht gefragt, denn das könnte ja unvorhersehbare Folgen haben. Zum Glück. Schließlich ließ diese ängstliche Bürokratie lange Zeit viel Raum für Widerstand.

Seit den Wahlen von 2020 aber sind Auftritte für oppositionelle Künstler und Musiker nahezu unmöglich geworden: Sie werden verfolgt, eingesperrt und verurteilt. Viele von ihnen standen in der vordersten Reihe der Proteste. Sie stellten sich vor die Polizei und vor das Militär, traten der OMON, einer berüchtigten Spezialeinheit, entgegen. Friedlich. Sie hatten die traumatisierenden Bilder vom Maidan in Kiew 2014 vor Augen. Viele Oppositionelle erinnerten sich an die Scharfschützen, die in der Ukraine mehr als 80 Menschen getötet hatten. Lukaschenkos Regime trauten sie Ähnliches zu. Viele Musiker sangen und spielten während der Protestzüge, führten Performances auf. Und machten sich damit noch angreifbarer.

Fürs Leben lernen

Ich sehe schlecht. Lange Zeit half nicht einmal eine Brille weiter. Deshalb saß ich in der Schule meistens in der ersten Reihe. Das hatte den Vorteil, dass ich an der Tafel wenigsten etwas erkennen konnte. Es hatte aber auch den Nachteil, ständig unter besonderer Beobachtung meiner Lehrer zu stehen. – Meistens zumindest. Denn in einem Fall brachte mich das sehr viel weiter: Als ich auf die weiterführende Schule ging, in die siebte Klasse, hatte ich einen Geschichtslehrer, der anders war als die anderen Lehrer. Ihm ging es nicht darum, mich, wie die Lehrer es sonst taten, immer wieder darauf hinzuweisen, dass ich meine Schuluniform nicht korrekt trug. Stattdessen verwickelte er mich in kleine Diskussionen. Auch konnte er so große Teile der Klasse ausblenden, die er nicht unter Kontrolle bringen konnte. Im Getöse der anderen Schüler sprachen wir über Geschichte, über Gerechtigkeit und über Herrschaftsformen. Wir sprachen über Demokratie und Diktatur, über die Sowjetunion und über das Großherzogtum Litauen. Er riskierte seinen Beruf, indem er sich offen mit mir unterhielt, direkt unter dem belarusischen Wappen und dem Porträt von Lukaschenko. Er war einer der wenigen Lehrer, die keine Mitläufer waren.

Unsere Geschichte definiert uns als eigenständiges Land, mit allen Höhen und Tiefen. In den Schulbüchern in Belarus hingegen findet sich die gesäuberte und glorifizierte Geschichte der Sowjetzeit. Alles, was darüber hinaus geht, wird ausgeblendet. Bücher, die sich mit den dunklen Seiten der sowjetischen Geschichte befassen, sind in Belarus verboten. Eine kritische Beschäftigung mit der eigenen Geschichte findet nicht statt.

Die Diskussionen mit meinem Geschichtslehrer waren ein kleiner Lichtblick in einem rigiden Schulsystem. Die meisten anderen Lehrer hielten Machtdemonstrationen für Autorität, besonders unser Klassenlehrer, für den vor allem das Äußere zählte. Jeder Verstoß gegen die Kleidungsvorschriften endete damit, dass das Opfer vor der ganzen Klasse angeschrien wurde. Aber das machte uns immer weniger aus, denn schließlich war jeder einmal dran. Auch ich versuchte vergeblich, mich mit einer Jeans oder einem bequemeren Oberteil in die Klasse zu setzen.

Angepasste Staatsbürger zu erziehen ist eines der Hauptziele des Schulsystems in Belarus. Dazu zählt auch, alte Rollenbilder fortzuschreiben: Mädchen hatten Hausarbeit, Nähen, Kochen, die Jungen Tischlern oder Mechanik. Ein Geschlechterbild, das von ganz oben kam. Frauen gehören für Lukaschenko an den Herd, Männer in die Fabrik oder an die Waffe. Dazu kam die staatsbürgerliche Erziehung, die inzwischen zum Unterrichtsfach »Patriotismus« geworden ist. Die Lehreinheiten bestanden nicht nur aus Vorträgen über das ruhmreiche Land und seinen ebensolchen Führer, sondern waren, ganz praktisch, eine Vorbereitung auf staatsbürgerliche Pflichten: Erste Hilfe bei den Mädchen, militärische Grundübungen bei den Jungen. Von denen sollten möglichst viele schon früh in den Sicherheitsapparat wechseln. Das war nötig, schließlich gab es im Land immer wieder und immer öfter Proteste gegen das Regime. Sie gingen oft von jüngeren Leuten aus und wurden kreativ.

Der Widerstand wächst

Die Jeans-Revolution

Ein »überzeugender« Sieg sei es, sagte die Vorsitzende der Wahlkommission, Lidija Jermoschina, am Abend des 19. März 2006. Mit 83 Prozent der Stimmen wurde Alexander Lukaschenko damals als Präsident wiedergewählt. Besser als der »elegante« Sieg von 2001, als er nur rund 75 Prozent der Stimmen erhalten hatte. Der Anteil der Stimmen spiegelte allerdings nicht die Stimmung im Volk wider. Dieses sah immer deutlicher, dass Lukaschenko Wahlen manipulierte, die Opposition unterdrückte und nur Gegenkandidaten zuließ, die ihm nicht gefährlich werden konnten.

Während das Regime das Wahlergebnis feierte, gab es erstmals nach einer Abstimmung unter Lukaschenkos Herrschaft größere Demonstrationen. Am Wahlabend kamen rund 40 000 Menschen auf dem Oktoberplatz in Minsk zusammen und demonstrierten. Das war gefährlich, schließlich hieß es von Seiten des Regimes, dass jeglicher Protest als Terrorismus gewertet würde. Das bedeutete, dass lange Gefängnisstrafen drohten. Viele Menschen hielt das aber nicht davon ab, sich über Tage hinweg in eisiger Kälte zu versammeln, sich Bussen voller Bereitschaftspolizei zu stellen und zu protestieren. Die sogenannte Jeans-Revolution mobilisierte die Menschen.

Der Name war im Jahr zuvor bei einer von der Jugendorganisation Subr organisierten Demonstration entstanden. Bei dieser Demonstration sollte an die Menschen erinnert werden, die im Gefängnis saßen und auch an die, die verschollen, verschwunden waren, vom Regime entführt und vermutlich getötet. Die Demonstranten verlangten nach Aufklärung, wollten Verantwortliche genannt haben, das Schicksal der Verschwundenen aufklären. Wie immer zeigten im Demonstrationszug viele Menschen die alte weiß-rot-weiße belarusische Flagge. Und wie so oft griff die Polizei ein und beschlagnahmte die inzwischen verbotenen Fahnen.

Ein Aktivist der Jugendorganisation Subr zog daraufhin sein Jeanshemd aus, schwenkte es über dem Kopf und rief, dass dieses Hemd jetzt die Fahne des Widerstands sein solle. Es war eine spontane Idee, mit der ein Name erfunden wurde. Subr rief dazu auf, am 16. Tag jedes Monats Jeanskleidung zu tragen, um an die verschwundenen Menschen zu erinnern. Es war ein Akt des stillen Widerstands.

Jeanskleidung musste für Lukaschenko auf mehrere Arten als Provokation wirken: Zum einen war sie ein Zeichen des Widerstands und ein Zeichen der Erinnerung an die Opfer des Regimes. Zum anderen aber waren Jeans westliche Kleidung und damit schon zu Zeiten der Sowjetunion ein Kleidungsstück, das von der Regierung abgelehnt wurde. Sie waren zu westlich, zu dekadent.

Die Jeans-Revolution endete wie viele Proteste gegen Lukaschenko: Das Regime hatte den längeren Atem, hatte mehr und besser ausgestattete Kräfte und war erbarmungslos in der Durchsetzung seiner Macht. Abend für Abend kamen weniger Demonstranten auf den Platz, bis nur noch Jugendgruppen in einer kleinen improvisierten Zeltstadt übrig blieben. Diese wurde schließlich von der Bereitschaftspolizei halbwegs friedlich geräumt. Die Polizei hielt sich nur deshalb zurück, da das Bild von der Jeans-Revolution viele Sympathien im Ausland geweckt hatte, vor allem im Westen. Und unschöne Bilder sollten vermieden werden, denn schließlich war Lukaschenko weiterhin darauf angewiesen, auch mit dem Westen Handel zu treiben.

Letztendlich aber verbuchte er das Ganze als Sieg für sich und verkündete auf einer Pressekonferenz: »Die Revolution, über die so viele Leute gesprochen haben, hat nicht stattgefunden.« Dennoch waren die Proteste für die Opposition sehr wichtig, zeigten sie doch, dass es immer mehr Menschen im Land gab, die bereit waren, auf die Straße zu gehen. Und sie waren auch ein kleiner Sieg für Subr.

Subr war eine Organisation, die Anfang der 2000er-Jahre gegründet worden war und sich vor allem an ältere Schüler und Studenten richtete. Ihr Vorbild war die serbische Organisation Otpor! (Widerstand), die erfolgreich gegen Slobodan Milosevic opponiert hatte. Doch nicht nur Subr berief sich auf sie, sondern auch die während der Orangenen Revolution in der Ukraine aktive Jugendorganisation Pora! (Es ist Zeit).

Subr ist das belarusische Wort für Wisent und sollte Stärke, Größe und Macht ausstrahlen. Der Wisent ist eines der Nationaltiere des Landes, womit auch die Verbindung und Treue zum Land dargestellt werden sollte. Das gelang aber nur zum Teil: Subr war in den Städten stark vertreten, wandte sich an eine junge, intellektuelle Klientel. Für viele Menschen wirkte die Organisation deshalb abgehoben, hochnäsig. Und kleine Details machten die Menschen dann noch misstrauischer: Farbige Aufkleber etwa, wie sie die Organisation verwendete, galten als Luxus. Und das führte dazu, dass die Finanzierung von Subr hinterfragt und Einflüsse aus dem westlichen Ausland vermutet wurden. Ein Treffen einiger führender Aktivisten der Gruppe mit der damaligen amerikanischen Außenministerin Condoleezza Rice in Vilnius machte es Lukaschenko so nur zu leicht, Subr als vom Westen gesteuert darzustellen. Als sie sich nach den Wahlen 2006 auflöste, hatte die Organisation ihre Ziele nicht erreicht. Aber sie hatte wichtige Grundlagen für die Oppositionsarbeit gelegt, hatte viel dafür getan, dass sich die belarusische Zivilgesellschaft in den folgenden Jahren neu formieren konnte.

Problematisch für jede Opposition war in diesen Jahren, dass Lukaschenko immer noch sehr viel Rückhalt in der Bevölkerung hatte. Weniger in den Städten, als vielmehr auf dem Land, wo er auch zehn Jahre nach seinem Machtantritt als Retter von Belarus gesehen wurde. Aber das begann sich langsam zu ändern. Und wurde vier Jahre später weithin sichtbar.

Auf dem Oktoberplatz

»Ihr fahrt nicht!« Meine Eltern sprachen ein Machtwort. Aleh und ich wollten in eisiger Winterkälte 300 Kilometer von Grodno nach Minsk fahren, um dort auf dem Oktoberplatz mit Tausenden anderen zu demonstrieren. Doch um dorthin zu kommen, hätten wir Polizeikontrollen über uns ergehen lassen müssen, hätten Schleichwege nach Minsk hinein finden müssen, da die großen Zufahrtsstraßen alle gesperrt waren.

Wir hatten gerade erfahren, dass sich in Minsk Tausende Oppositionelle versammelten, um gegen die Wiederwahl von Alexander Lukaschenko zu protestieren. Er war an diesem Tag, am 19. Dezember 2010, erneut als Präsident des Landes gewählt worden.

In einer Wahl, die genau wie die vorhergehenden, manipuliert und gefälscht war. Und die gleichzeitig wieder klar machte, dass Lukaschenko nicht davor zurückschreckte, Gewalt gegen seine Gegner anzuwenden. Schon der Wahlkampf hatte mit einem Toten begonnen.

Anfang September 2010 fand man Aleh Bjabenin tot in seiner Datscha in der Nähe von Minsk. Bjabenin war Journalist gewesen, Mitgründer der Oppositionsgruppe Charta 97 und gerade erst zum Sprecher von Andrei Sannikow geworden, der gegen Lukaschenko antreten wollte. Bereits 1997 war Bjabenin Opfer einer Scheinhinrichtung geworden und dann zwei Jahre später gemeinsam mit Sannikow von rechtsextremen Lukaschenko-Anhängern krankenhausreif geprügelt worden. Jetzt hatte er sich angeblich an einem Balken aufgehängt. – Selbstmord, das war das Ergebnis der offiziellen Untersuchung. Doch diese wurde von verschiedenen Seiten angezweifelt: Amnesty International zum Beispiel verlangte eine unabhängige Untersuchung. Freunde, die seine Leiche sahen, berichteten von Verletzungen, von einem verdrehten Fuß, von blauen Flecken, die vor dem Tod entstanden sein mussten.

Und Lukaschenko war nervös. Gründe hatte er dafür genug: Belarus war, genau wie die meisten Staaten der Welt, von den Auswirkungen der Finanzkrise im Jahr 2008 betroffen. Die Wirtschaftsleistung des Landes ging zurück, auch wenn nicht ganz so schlimm wie in anderen ehemaligen Sowjetstaaten. Grund dafür war vor allem der Bezug von billigen Rohstoffen aus Russland und der Weiterverkauf verarbeiteter Produkte in Richtung Westen.

Lukaschenko brauchte dieses Geld, um das Volk zufriedenzustellen: Der Staat war der größte Arbeitgeber im Land. Teilweise waren fast 75 Prozent aller arbeitenden Belarusen direkt bei staatlichen Betrieben, in der Verwaltung oder bei Polizei und Militär angestellt. Auch das war ein Rückgriff auf Sowjetzeiten, in denen der Staat Leben und Einkommen seiner Bürger regelte. Und all das stand durch die Wirtschaftskrise nun auf dem Spiel. Wenn das Geld ausbleiben würde, würde die Unzufriedenheit mit seiner Herrschaft größer werden, vielleicht zu groß.

Laut offiziellem Endergebnis der Wahl von 2010 entfielen knapp 80 Prozent der Stimmen auf Lukaschenko. Aber das Regime registrierte die schwelende Unzufriedenheit und bereitete sich darauf vor, jeglichen Protest zu unterdrücken.

Nach jeder Wahl hatten sich bisher Menschen auf dem Oktoberplatz in Minsk versammelt und gegen das Regime protestiert. Dieses Mal aber hatte die Bereitschaftspolizei den Platz abgeriegelt. Die Menschen ließen sich davon nicht abschrecken und strömten zum Oktoberplatz. Rund 20 000 von ihnen kamen zusammen. Auch zwei der unterlegenen Präsidentschaftskandidaten wollten teilnehmen, doch sie wurden schon auf dem Weg dorthin angegriffen und verprügelt, mussten mit Kopfverletzungen ins Krankenhaus. – Sie waren nicht die Einzigen an diesem Abend: Während die Anführer der Demonstranten noch mit der Polizei verhandelten, versuchte eine andere Gruppe, ein Regierungsgebäude zu stürmen, und fing an, die Türen einzutreten. Es waren vermutlich Geheimdienstleute, die der Polizei einen Grund geben wollten einzuschreiten. Und sie hatten Erfolg: Tausende Demonstranten wurden geprügelt, mit Pfefferspray attackiert, getreten. Augenzeugen berichteten von großen Blutflecken, die nach dem Ende der Proteste auf dem Platz zu sehen waren.

Für Lukaschenko waren die Proteste gegen seinen Wahlsieg das Werk von »Vandalen und Hooligans«, wie er auf einer Pressekonferenz sagte. Von »Bestien«. Damit meinte er nicht seine eigenen Truppen und die staatlichen Provokateure, die den Protest angeheizt hatten. Er meinte nicht diejenigen, die aus einer friedlichen Demonstration eine Schlacht gemacht hatten. Er meinte die, die gegen ihn waren. Die, die er als Ratten bezeichnete.

Aber sein Handeln brachte ihm keine Sympathien im Westen ein: Die Fernsehbilder der Ausschreitungen zeigten Polizisten in Kampfuniform, die auf unbewaffnete und ungeschützte Menschen einprügelten. Menschen, die Fahnen schwenkten und friedlich waren. Menschen, die ihre blutverschmierten Hände, ihre Wunden den Kameras zeigten. – Und meine Eltern sahen sich durch diese Bilder in ihrem Verbot bestätigt: Wären wir nach Minsk gefahren, hätten auch wir auf diesen Bildern sein können.

Ein Studium in Freiheit

Die Universität im Exil

Es waren die letzten Tage im September 2012. Vom Auto aus wirkte die Welt wunderbar. Die Sonne blitzte durch die endlosen Kiefernwälder entlang der Straße, der Himmel war hoch und weit, ein Versprechen auf die Zukunft.

Ich schaute meine Mutter an, die am Steuer saß, und war dankbar und ein wenig traurig. Sie half mir, einen neuen Lebensabschnitt zu beginnen. Sie gab mich frei, brachte mich in eine andere Welt. Ich würde studieren, in Vilnius, der litauischen Hauptstadt. Nicht einmal 200 Kilometer von meiner Heimatstadt entfernt und doch in einer anderen Welt.

Daheim in Grodno hatte ich meine wenigen Sachen schnell gepackt. Ich schaute noch einmal durch die Wohnung, in der ich einen großen Teil meines Lebens verbracht hatte. In dieses Zuhause würde ich wohl nie mehr wirklich zurückkehren. Etwas wehmütig und bange, aber auch voller Freude, sah ich dem entgegen, das vor mir lag: Ich würde nicht nur von der Schule an die Universität wechseln, würde nicht nur in eine andere Stadt ziehen, sondern gleich in ein anderes Land, auch wenn dieses näher lag als beispielsweise Minsk oder andere große Universitätsstädte in Belarus.

Eingeschrieben hatte ich mich an der EHU, der European Humanities University. Die im Kern belarusische Universität war in den 2000er-Jahren ins Exil gegangen, um den Angriffen auf ihre Integrität, den bevorstehenden Eingriffen in den Lehrplan und der wachsenden Überwachung in Belarus zu entgehen.

Gegründet worden war die EHU 1991. Ihr Ziel war und ist es, Menschen auszubilden, die die Zivilgesellschaft in Belarus voranbringen sollen. Ihre Absolventen sollten ursprünglich den Übergang des Landes von der totalitären Sowjetherrschaft in eine Demokratie gestalten. Die Gründung dieser privaten Hochschule war deshalb von vielen Organisationen unterstützt worden, etwa der UNO und der EU – aber auch von staatlicher Seite. Die EHU war progressiv, offen und neugierig. Und hatte erstaunlich lange unter Lukaschenko in Belarus agieren können.

Anfang 2004 verlangte das Regime dann eine stärkere Kontrolle der Lehrinhalte, wollte Studenten und Lehrende überwachen. Diese protestierten, streikten und demonstrierten. Doch die Regierung ließ von ihren Forderungen nicht ab: Die Universität hatte sich entweder dem staatlichen Druck zu beugen und sich anzupassen – oder sie würde geschlossen. Doch die Leitung der EHU fand einen dritten, radikalen Weg: Sie schloss den Standort in Minsk und zog als komplette Universität nach Vilnius um. Sie ging ins Exil. Dank enger Zusammenarbeit mit dem litauischen Staat und der Stadt Vilnius können belarusische Studenten leicht ins Land, um dort zu studieren. So wie ich.

Undichte Fenster und gemütliche Runden

Vilnius ist Grodno sehr ähnlich: Um eine historische Altstadt gruppieren sich riesige Plattenbausiedlungen aus der Sowjetzeit. Diese sehen aus wie das Spielzeug eines Riesen, der ein Häusermodell immer wieder in gleichen Abständen aufgestellt hat. Ringe von Häusern, überragt von einzelnen Gebäuden, die wie futuristische Wachtürme aussehen. Dazwischen Einkaufszentren, Wiesen, Parkplätze.

Ich wohnte in einer solchen Siedlung. Nördlich vom Stadtzentrum, eine halbe Stunde mit dem Bus Nummer 7 entfernt. Die Nummer 7 war ein E-Bus mit Stromabnehmern, die im Winter Funken sprühten und manchmal aus der Leitung sprangen. Dann musste der Fahrer aussteigen und sie von Hand wieder einhängen. Drinnen war es entweder zu warm oder zu kalt, meistens Letzteres. In diesem Bus verbrachte ich viel Zeit, bevor ich das letzte, beschwerliche Stück zu Fuß gehen musste.

Die Straßen dort waren voller Schlaglöcher und die Fußwege eher matschige Trampelpfade – vor allem dann, wenn es ausgiebig geregnet hatte oder der Schnee taute. Sie führten vorbei an Häusern, die in die Jahre gekommen waren: Der triste, graue Beton war verwittert, und an den Fassaden bröckelte der Putz. Innen sah es nicht viel besser aus. Die Treppenhäuser waren kahl, oft schmutzig und in den Wänden hatte sich der penetrante Geruch aus den vielen Küchen, Bädern und Toiletten festgesetzt.

Es ist ein ganz typischer Geruch, ein Geruch, der sich über die Jahrzehnte ansammelt und nie mehr verschwindet. Ich fand ihn in Belarus, in Moskau, in Kiew und in Vilnius. In jedem Plattenbau, der schlecht gelüftet und kaum beheizt ist, in dem viel mit Kartoffeln, Kohl und Fleisch gekocht wird. Immer sind die Fenster schlecht isoliert, die Zimmer klein. Und die Küchen gerade so groß, dass eine Person sich darin bewegen kann, ohne ständig irgendwo anzustoßen. – Wahrscheinlich eine Frau, denn diese stand und steht dort immer noch in der Küche.

Ich wohnte nicht allein, auch wenn die Wohnung nur aus einem Zimmer, einer Küche und einem Bad bestand. Meine Mitbewohnerin war, wie ich, Studentin, und wir teilten uns Essen und Heizkosten. Genau wie ich stammte sie aus Belarus. Anders als ich aber kam sie aus dem Osten des Landes, nahe der Grenze zu Russland. Und mir kam es manchmal vor, als stammten wir von unterschiedlichen Planeten.

Grodno ist die westlichste Stadt von Belarus. Eine Stadt, in der Lukaschenko nie willkommen war. Damals hätten kaum mehr als 20 Prozent der Einwohner in freien Wahlen für ihn gestimmt. Doch je weiter man nach Osten ging, in das ländliche Belarus, desto größer wurde die Unterstützung für das Regime. Parallel dazu stieg auch die Sympathie der Menschen dort für Russland und die Verehrung für Wladimir Putin. Meine Mitbewohnerin gehörte zu diesen Menschen. Sie schwärmte für Putin. Ich hielt ihn schon damals für extrem gefährlich. Sie erzählte begeistert von der großen Zeit der Sowjetunion. Wie viel besser damals alles gewesen sei. Sie erzählte so lebhaft, als hätte sie das alles miterlebt. Dabei war sie genauso alt wie ich. Wir beide wurden drei Jahre nach dem Ende der Sowjetunion geboren.

Manchmal war das einfach nur lustig. Für meine Mitbewohnerin war immer der Kapitalismus schuld, wenn etwas nicht funktionierte. Egal, ob das Licht im Treppenhaus kaputt war, die Straße nicht gefegt wurde oder der Bus zu spät kam – immer hieß es: »Der Kapitalismus ist schlecht, Vika!«

Alles in allem aber tat mir meine Mitbewohnerin gut: Ich war froh, nicht allein zu sein, und gemeinsam versuchten wir, aus unserer heruntergekommenen Wohnung ein gemütliches kleines Zuhause zu machen.

Wir hatten immer etwas zu besprechen. Und wenn wir für die Uni arbeiten mussten, zog sie sich in das Schlafzimmer zurück und ich lernte in der Küche. Nachts schliefen wir gemeinsam in einem Raum, jede von uns auf ihrem Schlafsofa.

So winzig unsere Wohnung war, so schwer war es allerdings, gegen die lange Kälte anzukämpfen: Genau wie in Belarus kann es in Vilnius eisig werden. Temperaturen von 30 Grad unter null sind keine Seltenheit. Deshalb entwickelten wir immer neue Ideen, um die maroden Fenster abzudichten. Bei großer Kälte kam alles zum Einsatz, was wir nur finden konnten: Schals, Lappen, Holzbretter. Doch egal, was wir taten: Der eisige Wind fand immer wieder einen Weg in die Wohnung. Wir konnten es uns nicht leisten, gegen sie anzuheizen. So saßen wir von November bis März in dicker Kleidung in der Wohnung und wärmten uns mit vielen Decken und heißem Tee.

Auch wenn die Wohnung klein, kalt und recht abgelegen war: Ich hatte dort ein neues Zuhause gefunden. Unsere Wohnung gab mir Geborgenheit. Sie gab mir Abende, an denen ich mit Freunden in der kleinen Küche saß und wir bei Kerzenlicht über die Welt, unsere Gedanken und Träume sprachen.

Dabei fühlte ich mich so frei und leicht wie nie zuvor: Ich war in einem anderen Land, konnte für mich selbst entscheiden und für mich selbst sorgen. – Ich hatte zum Ende meiner Schulzeit ein Stipendium bekommen und das Geld reichte, um davon zu leben, wenn ich nebenbei noch ein bisschen jobbte. Ich war meiner alten Heimat entwachsen. Das dachte ich zumindest. Bis ich das nächste Mal nach Grodno fuhr, um meine Familie zu besuchen.

Zu Besuch beim KGB

»Wo studiert Vika eigentlich?« Diese Frage überraschte meine Mutter, so wie der ganze Anruf. Einer meiner früheren Lehrer wollte wissen, was aus mir geworden sei. Meine Mutter war in dem Moment nicht schlagfertig genug und konnte nur ehrlich antworten. »In Vilnius«, sagte sie, »an der EHU.« Die Reaktion darauf war wohl nur zu deutlich: Eine lange Pause. Dann legte der Lehrer grußlos auf.

Kurz darauf bekam ich einen Brief, in dem mir ein Termin mitgeteilt wurde: Der KGB lud mich zu einem Gespräch ein. Meine Mutter war sehr besorgt, aber ich fand das Ganze eher kurios. Ich konnte mir beim besten Willen nicht vorstellen, was man wohl von mir wollte. Was der Geheimdienst, die politische Polizei Lukaschenkos, von mir, einer ganz normalen Studentin, wollte.

Der Geheimdienst hatte bewusst den alten sowjetischen Namen beibehalten: KGB klingt ominös. Nicht nur in alten Filmen, sondern auch in der Wirklichkeit. Der belarusische KGB war und ist dafür bekannt, Menschen einfach mitzunehmen, zu verhören, zu foltern und wahrscheinlich auch zu töten. Auch ist er bekannt dafür, unzählige Akten anzulegen, über Menschen, die er bespitzelt und verfolgt. Sie sollen das Gefühl haben, dass sie ständig beobachtet würden. Auch im Ausland. Und weil ich an der EHU studierte, wurde ich vorgeladen. Die Universität galt und gilt als Hort der Opposition. Der KGB wollte erfahren, was ich dort tat.

»Der Herr ist noch nicht da. Warten Sie doch bitte einen Moment!« Die alte Frau hinter dem Tresen ließ mich eintreten und zeigte auf einen Stuhl, auf dem ich Platz nehmen sollte. Dann wandte sie sich ab, um sich einen Tee zu kochen. Ich sah mich um. Ich befand mich im Eingangsbereich des KGB-Gebäudes in Grodno. Eine alte, schöne Villa, mit hellen Fluren und vielen Grünpflanzen. Doch über allem lag und liegt der Geruch alter Aktenschränke. Aktenschränke, die schon Jahrzehnte an derselben Stelle stehen und in denen unnütze Dokumente lagern. Überall war dieser Geruch, der in Tausenden von Amtsstuben in Belarus, Russland und anderen Ländern der ehemaligen UdSSR zu finden ist: Der Muff der Sowjetzeit, der sich in den Wänden der Häuser festgesetzt hat.

Der Herr, der mich sprechen wollte, hatte es offensichtlich nicht eilig. Er ließ mich über eine Stunde warten. Schließlich bat er mich, ohne Entschuldigung, ohne ein Wort des Bedauerns, in sein Büro. Er hatte sich etwas zu Essen geholt und aß, während wir uns unterhielten. Ich war leicht verärgert und fand ihn unhöflich. Er aber schien vor allem gelangweilt, als verspräche er sich nicht viel von einem Gespräch mit einer 17-Jährigen. Wie es mir in Vilnius ginge, wollte er wissen. Ob ich mit meinem Studium zufrieden sei. Was ich eigentlich genau mache. Der belarusische Staat habe schließlich die Pflicht, sich um seine Bürger zu kümmern, dafür zu sorgen, dass sie sich auch im Ausland wohlfühlen und es ihnen gut gehe. Ich rollte innerlich mit den Augen und versuchte, mir nichts anmerken zu lassen. Das Gespräch schien eine einzige große Zeitverschwendung.

Im Laufe der Zeit merkte ich, dass er jedoch aufmerksamer wurde, sobald es um Menschen ging, die ich an der EHU getroffen hatte. Mitstudenten und vor allem Lehrkräfte und Professoren schienen für ihn interessant zu sein. Mit wem ich denn studiere, wer meine Freunde seien, welche Kurse ich bei wem belege, wollte er wissen. Ich erklärte ihm, dass ich dazu gar nicht so viel sagen könne. Ich sei schließlich neu an der Universität, habe noch niemanden so richtig kennengelernt. Und Namen könne ich ihm keine nennen, dafür seien es zu viele Menschen gewesen, die ich in der kurzen Zeit getroffen habe. Ich vermittelte ihm den Eindruck, dass ich einfach jung und naiv sei und daher von nichts wisse – was sicher auch zum Teil der Fall war. Ich war heilfroh, als das Gespräch vorbei war.

Die ersten Aktionen

Folgt man seiner Logik, tat der KGB recht daran, Personen wie mich zu befragen: Die EHU war ein Ort, an dem viele Menschen zusammenkamen, die gegen das Regime waren. Wer dort studierte, kam zwangsläufig mit Menschen in Kontakt, die in der Opposition arbeiteten.

Schon in den ersten Wochen merkte ich, wie beflügelnd es war, sich frei auszutauschen, keine Angst zu haben, seine Meinung zu sagen, zu diskutieren und Pläne zu schmieden, wie man das Regime bekämpfen könne. Und wir schmiedeten nicht nur Pläne, sondern engagierten uns ganz konkret.

Bald schon organisierte ich eine Aktion mit freiwilligen Helfern, die Briefe und Postkarten an politische Gefangene schrieben. Die sie zum Durchhalten aufriefen oder ihnen einfach nur eine kleine Botschaft von außen zukommen lassen wollten. Gefangene leiden unter Einsamkeit, gerade, wenn sie isoliert werden, was bei politischen Gefangenen häufig vorkommt. Jede Zeile, jedes kleine Zeichen hilft. Es hilft, die langen, einsamen Stunden zu verkürzen.

Auch arbeiteten viele von uns für wenig Geld in sozialen Einrichtungen. Ich fing in einem Waisenhaus an. Und merkte dabei zum ersten Mal wirklich, dass ich in einem anderen Land war und auch in einem Land mit einer anderen Sprache. An der EHU und daheim sprachen wir alle Belarusisch. Die Kinder dort aber sprachen Litauisch. Wir hatten zwar Schwierigkeiten, uns zu verständigen, aber auch sehr großen Spaß, und schafften es tatsächlich, mit den Kindern einen kleinen Theaterabend auf die Beine zu stellen.

Ich fühlte mich wohl, so gut wie selten zuvor. Dennoch merkte ich, dass ich irgendwann nach Belarus zurückkehren wollte, dass die Universität nur eine Zwischenstation war. Immer öfter saß ich im Bus und fuhr nach Grodno.

Auch spürte ich, dass sich die Stimmung in Belarus änderte: Der Rückhalt, den Lukaschenko so lange in einigen Teilen der belarusischen Bevölkerung gehabt hatte, begann zu schwinden.

Lukaschenkos langsamer Abstieg

Lukaschenko hatte vor allem so lange Erfolg, weil er eines seiner ersten, großen Versprechen hielt: Er befreite viele Menschen aus der Armut. Belarus entwickelte sich während seiner Präsidentschaft zu einem der zehn egalitärsten Länder der Welt. Einkommen und Vermögen waren und sind gleichmäßiger unter der Bevölkerung verteilt als in vielen anderen Ländern. Laut Weltbank schneidet Russland im Vergleich viel schlechter ab, ganz zu schweigen von den USA.

Aber die Voraussetzungen, unter denen Lukaschenko seine Herrschaft begann, sind nicht mehr dieselben: Wirtschaft, Gesellschaft und Zeitgeschehen brachten über die Jahre Veränderungen mit sich, die seinen Rückhalt in der Bevölkerung schwinden ließen.

Ein wichtiger Pfeiler von Lukaschenkos Wirtschaftspolitik war das starke Engagement des Staates: In den 1990er-Jahren kam es in den Ländern des ehemaligen Ostblocks zu einer massiven Privatisierung von Staatsbetrieben. Anders in Belarus: Der Staat behielt große Teile der Infrastruktur und viele wichtige Industriebetriebe. Damit sicherte er viele Arbeitsplätze.

Ohne die Unterstützung Russlands: wäre das aber nicht möglich gewesen: Von dort bezog Belarus günstige Rohstoffe, dort gab es einen großen Absatzmarkt für die Produkte belarusischer Betriebe. Gerade Lastwagen, Busse und Traktoren, die Russland brauchte, wurden in Belarus produziert. Die Konkurrenz war gering.

Sozialleistungen, Renten und Löhne waren zwar nicht hoch, wurden aber regelmäßig ausgezahlt. Das sorgte für Sicherheit. Die Forschung bezeichnet dies als eine Art Gesellschaftsvertrag: Lukaschenko schützte mit seiner Wirtschaftspolitik gerade die ärmeren Teile der Bevölkerung. Und die wählte ihn dafür.

Es waren vor allem ältere Menschen und die Landbevölkerung, die lange zu dieser treuen Wählerschaft gezählt hatten, doch die Demografie veränderte sich: Stammwähler starben weg und viele Menschen zogen in die Städte, wo Lukaschenkos Rückhalt schon immer geringer gewesen war. Der Gesellschaftsvertrag begann, sich langsam aufzulösen, weil er vor allem den dynamischeren Teilen der Bevölkerung keinen Vorteil mehr brachte.

In den 2010er-Jahren verschärfte sich dies merklich: Die Wirtschaftsleistung in den klassischen Betrieben ließ als Folge der

Finanzkrise von 2008 nach. Gerade jüngere Menschen suchten Jobs, die nicht nur satt machten, sondern auch zufrieden. Jobs, die eine Zukunft boten und spannend waren. Sie wollten mehr vom Leben als Sicherheit. Dadurch entstanden zum Beispiel in Minsk immer mehr Technologiefirmen. IT wurde immer wichtiger, Spezialisten bildeten sich heran. Eine der erfolgreichsten Computerspielefirmen der Welt, Wargaming, wurde in Minsk gegründet und dort Ende der 2000er-Jahre erfolgreich. Inzwischen hat die Firma allerdings Belarus verlassen und 2021 unter anderem in Vilnius neue Studios eröffnet. Der politische Druck war zu groß geworden.

Parallel zu den Veränderungen in Belarus ereigneten sich vor allem im südlichen Nachbarland Ukraine große gesellschaftliche Umbrüche. Das Land war lange auf einem Schlingerkurs zwischen Demokratie und Autokratie gewesen. Die Wahlen dort waren zwar im Kern demokratisch, die gewählten Vertreter aber nicht immer. Im Winter 2013/2014 kam es schließlich zu ausgedehnten Massenprotesten, zum Sturz der alten Regierung durch den Druck der Bevölkerung – zu einer Revolution.

»Euromaidan« wird sie genannt – oder auch »Revolution der Würde«: Die Menschen in der Ukraine hatten schon lange genug von korrupten Politikern, die auf ihren eigenen Vorteil bedacht waren. Die mit Russlands Hilfe – und von Russland kontrolliert – großen Reichtum anhäuften und das Land ausbeuteten. Konkreter Auslöser für die Proteste war die Nichtunterzeichnung eines Abkommens mit der Europäischen Union durch die Regierung der Ukraine unter dem inzwischen als Landesverräter verurteilten Wiktor Janukowitsch. Das war im November 2013. Die Proteste setzten sich über Monate fort und endeten schließlich im Februar 2014 in Straßenschlachten, bei denen rund

100 Menschen starben. Viele von ihnen wurden von Scharfschützen erschossen. Von Regierungsseite und von Russland wurde das Gerücht gestreut, dass es sich dabei um oppositionelle Provokateure gehandelt habe. Die wahren Schuldigen wurden jedoch bis heute nicht gefunden, gehörten aber wahrscheinlich den Sicherheitskräften an.

Doch die Revolution war erfolgreich: Janukowitsch wurde abgesetzt, eine Übergangsregierung trat an und bald konnten wirklich freie Wahlen abgehalten werden. Seitdem ist die Ukraine auf dem Weg, ein demokratischerer, freierer Staat zu werden. Und das ist einer der Gründe für Russlands Angriffskrieg: Putin wollte kein Land als Nachbarn, das als Vorbild für andere Länder dienen könnte. Als ein Vorbild für den Weg in die Freiheit.

In Belarus war der Euromaidan für viele Menschen Ansporn und Warnung zugleich: Zum einen konnten sie sehen, was möglich war, wenn man zusammen auf die Straße ging. Sie wussten, dass es nicht nur Oppositionelle waren, die in Kiew und Odessa demonstriert hatten, sondern Menschen aus allen Bevölkerungsschichten. Gleichzeitig aber sahen sie, mit welcher Macht und welcher Gewalt eine Regierung zurückschlagen konnte, die Polizei und Militär auf ihrer Seite hatte und zudem von Russland gestützt wurde.

Dass in Belarus Ähnliches bevorstehen könnte, zeigte sich zum ersten Mal deutlich bei der Präsidentschaftswahl 2015: Auftakt zu den Wahlen waren verschiedene Maßnahmen der Regierung, die deeskalierend wirken sollten. Es wurden zum Beispiel sechs politische Gefangene entlassen, was vor allem in westlichen Ländern als Zeichen der Entspannung und des guten Willens gewertet wurde. Die Europäische Union lockerte daraufhin die Sank-

Der Friedensmarsch in Minsk am 16. August 2020: Rund 400 000 Menschen protestierten damals gegen den Wahlbetrug Lukaschenkos.

Hungerstreik von Abgeordneten des Obersten Rates von Belarus am 11. April 1995: Ihr Protest richtete sich gegen das damals von Alexander Lukaschenko initiierte Referendum.

Protest gegen die Volksabstimmung von 1996

Belarusische Schulkinder beim Staatsbürgerkunde-Unterricht

Junge belarusische Pioniere singen vor einem Lenin-Denkmal

Illegaler belarusischer Markt, auf dem vor allem ältere Frauen ihre Waren verkaufen

Sowjetischer Plattenbau:
ein Wohnviertel in Grodno

Proteste auf dem großen Platz in Grodno, August 2020. In der ersten Reihe standen streikende Arbeiter der Azot-Chemiewerke.

Proteste auf dem
Leninplatz in Grodno,
August 2020

Die Autorin mit Freunden bei den Protesten in Grodno, August 2020

Polizisten der belarusischen Bereitschaftspolizei OMON

Protest gegen die brutalen Angriffe der Bereitschafts-polizei im August 2020: Ein Mann zeigt seinen von Schlagstock-Angriffen gezeichneten Körper.

Eine alte Frau zeigt das Victory-Zeichen am Fenster ihrer Wohnung in Minsk

Eine junge Frau mit weiß-rot-weißer Fahne protestiert vor den Reihen der Bereitschaftspolizei in Minsk, Sommer 2020

Eine Frau kniet vor Bereitschaftspolizisten und fleht sie an, sich zurückzuziehen, Sommer 2020

Polizisten versetzen einen Passanten am Rande einer Demonstration, mit Fußtritten, Sommer 2020

Explosion einer Blendgranate während der Proteste im August 2020

Ein ratloser Polizist deutet auf den reglosen Körper eines während der Proteste verletzten Mannes, August 2020

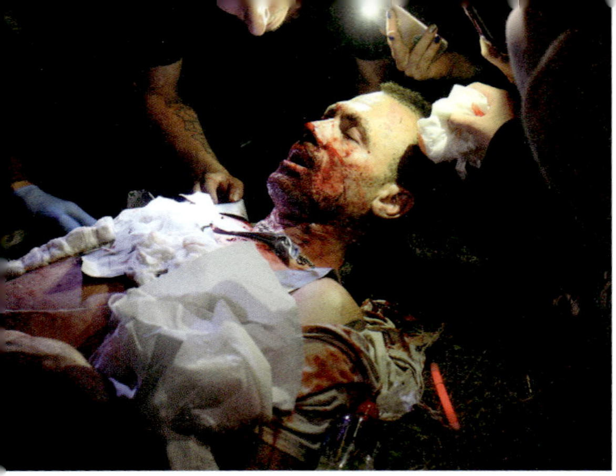

Ein verletzter Demonstrant bei den Protesten im August 2020

Freunde und Verwandte begrüßen freigelassene Gefangene nach den Protesten im August 2020

Ein Victory-Zeichen aus dem Gefängnis, August 2020

tionen gegen Regierungsmitarbeiter und gab damit zu verstehen, dass die Botschaft angekommen sei.

Doch je näher die Wahlen rückten, desto deutlicher wurde, dass die vermeintliche Entspannung keine war: Die Vorbereitungen zur Wahlfälschung und Wahlmanipulation liefen. In Radio und Fernsehen gab es keine Möglichkeiten für Lukaschenkos Gegenkandidaten aufzutreten. Selbst die Scheinkandidaten, die die Regierung aufgestellt hatte, durften sich nicht öffentlich äußern. Sie hatten lediglich die Funktion, die Stimmen der Opposition noch weiter zu teilen und damit zu verhindern, dass einzelne Gegenkandidaten eine nennenswerte Anzahl an Stimmen bekämen.

Auch hieß es von staatlicher Seite, dass knapp ein Drittel der Stimmen bereits weit vor dem eigentlichen Wahltag abgegeben worden seien. Da es keinerlei unabhängige Kontrolle gab, konnten diese Stimmen aber manipuliert oder sogar ausgetauscht worden sein. Überhaupt wurden Wahlbeobachter nur in einem äußerst begrenzten Rahmen zugelassen. Doch selbst so konnten sie gravierende Verstöße aufzeigen: Es gab zum Beispiel Wahlvorstände, die erst ihre Vorgesetzten in der Hauptstadt anriefen, bevor sie ein Ergebnis bekanntgaben. Es gab wundersame Schrumpfungen bei den Stimmen der Gegenkandidaten, nachdem leitende Beamte der Wahlbehörde die Zahlen noch einmal überprüft hatten. Und statt einem Stimmzettel pro Person gab es manchmal ganze Packen, die am Wahltag in die Urnen geworfen wurden.

In Belarus erwartete man eigentlich große Proteste nach den Wahlen, doch es blieb erstaunlich ruhig: Viele Belarusen waren noch verstört von den Ereignissen des Euromaidan. Auch hatte Russland mit der Annexion der Krim noch einmal sehr deutlich gemacht, wie rücksichtslos es eigene Interessen durchzusetzen bereit war. Viele fürchteten, dass Russland kaum zögern würde, Lukaschenko zu helfen, falls es zu Unruhen käme. Dass Russland Truppen nach Belarus schicken würde. – Damit es in Belarus wirklich zu großen Protesten kommen würde, brauchte es aber einen Auslöser. Dieser Auslöser kam dann ein paar Jahre später: Das Coronavirus.

Der Sommer des Aufbruchs

Mit Traktor und Wodka gegen Corona

»Wie alt ist sie?« 82 Jahre war sie alt, meine Großmutter. Sie hatte gerade einen Schlaganfall erlitten und brauchte so schnell wie möglich einen Krankenwagen. »Zweiundachtzig? Dann kommen wir nicht.« Zum Glück war meine Mutter gerade zu Besuch bei ihr. Sie packte sie vorsichtig ins Auto und brachte sie ins nächste Krankenhaus, wo sie dann endlich Hilfe bekam.

Wer in Orten wohnt, in denen es ein Krankenhaus gibt, hat Glück. Wer auf dem Dorf wohnt und älter ist, hat Pech. Dann kommt der Krankenwagen nicht, oder es ist kein Bett mehr im nächsten Krankenhaus frei. Man ist auf sich gestellt, hofft, dass der Notfall doch nicht so schlimm ist, wie befürchtet. Oder es geht einem wie dem Großvater eines Freundes: Auch er hatte Herzprobleme. Der Krankenwagen kam zwar, doch ohne die notwendige Ausrüstung für so einen Notfall. »Wir haben kein Geld dafür«, war die ehrliche Antwort der Besatzung. Der Großvater meines Freundes starb. – Das war der Zustand des belarusischen Gesundheitssystems vor der Pandemie. Als das Virus zuschlug, wurde es noch viel schlimmer.

Im Frühjahr 2020 stürzte mein Großvater. Er war nicht mehr ansprechbar und wurde sofort ins Krankenhaus gebracht. Dort wachte er nicht mehr auf und starb ein Woche später. Allein. Ich hatte ihn nicht besuchen dürfen. Niemand aus meiner Familie. Besucher waren in den Krankenhäusern nicht mehr zugelassen. Die Stationen waren überfüllt, Betten standen auf den Fluren, und die Menschen starben unter unwürdigen Umständen. Das Coronavirus hatte mit aller Macht zugeschlagen. – Doch offiziell gab es das alles gar nicht: Die Gefahr, die für die Bevölkerung von dem Virus ausging, wurde von der Regierung geleugnet.

»Bleiben Sie lieber daheim. Das ist sicherer und gesünder!« So lautete der Rat, den eine Freundin bekam, als sie einen Krankenwagen für ihre Großmutter rufen wollte. Diese zeigte die üblichen Symptome einer Corona-Erkrankung. Freie Betten und ausreichend Pflegepersonal aber gab es im Krankenhaus nicht mehr. Dass sie zu Hause blieb, war das Beste, was sie tun konnte: Hier umsorgten sie freiwillige Helfer, und sie überlebte knapp.

Auch ein Freund von mir musste erfahren, warum es daheim sicherer war: Er sollte wegen eines Gehirntumors dringend operiert werden. Da aber Masken und Schutzkleidung im Krankenhaus fehlten, steckte er sich nach wenigen Tagen mit Corona an. Seine Operation wurde dann um zwei Wochen verschoben, danach wäre sie beinahe ganz abgesagt worden, weil die Ärzte kaum Zeit oder sich angesteckt hatten. Aber auch er hatte Glück: Seine Erkrankung verlief relativ leicht und sein Gehirntumor konnte schließlich entfernt werden.

Die Pandemie deckte die Schwächen des belarusischen Gesundheitssystems gnadenlos auf: Ärzte und Pflegepersonal arbeiteten am Limit, es fehlte an Medikamenten, an Ausrüstung, am Allernotwendigsten. Und vor allem fehlte es am Verständnis der Regierung: Lukaschenko nahm den Mangel nicht ernst, leugnete die

Gefährlichkeit von Covid-19. Er gab skurrile Ratschläge, empfahl, in die Sauna zu gehen oder Wodka zu trinken. Und in der Landwirtschaft zu arbeiten – auf dem Feld oder dem Traktor. Das würde heilen.

Er nannte die Pandemie eine Massenpsychose, sagte, dass es besser sei, aufrecht zu sterben als kniend zu leben. Behauptete, dass man nur stark genug sein müsse, dann würde einem nichts geschehen. Das ist eine Rhetorik, mit der er sich bei Donald Trump einreihen könnte, bei Jair Bolsonaro. Sie alle politisierten das Virus, stellten ihre eigene Macht über die Gesundheit der Bevölkerung. Und damit sind sie verantwortlich für den Tod Tausender Menschen.

Die neue Solidarität

Bis Ende Januar 2022 starben weltweit mehr als fünf Millionen Menschen an den Folgen einer Covid-19-Erkrankung. In Belarus wurden bis zu diesem Zeitpunkt rund 5500 Tote gezählt. Nach Aussage der offiziellen Stellen. Nach Meinung vieler Ärzte im Land ist die Zahl jedoch deutlich höher: Bis zu 30 000 Tote schätzen sie allein für das erste Jahr der Pandemie. Das nicht zuletzt deshalb, weil die Sterblichkeit während der einzelnen Krankheitswellen bis zu 14 Mal höher war als zu normalen Zeiten.

Dass Menschen sehr krank werden und gar sterben können, wenn sie sich mit Corona infizieren, diese sehr einfache Tatsache erkannten viele Menschen in Belarus sehr schnell: Nur kurze Zeit, nachdem das Virus erstmals im Land aufgetreten war, kannten fast alle Menschen jemanden, der daran schwer erkrankt oder gar gestorben war. Erzählungen machten die Runde von Familien, in denen Kinder ihren Vater oder ihre Mutter verloren hatten. Von Menschen, die erstickten, weil ihnen niemand half, von Krankenhäusern, die überfüllt waren, die niemanden mehr aufnehmen konnten.

Für Lukaschenko war diese Situation brandgefährlich: Er hatte die Wucht unterschätzt, mit der das Virus durch die Bevölkerung ging. Er hatte ignoriert, dass sich die Biologie nicht um die Bedürfnisse seiner Politik scherte. In vielen Menschen erzeugte das Wut auf das Regime, weckte gleichzeitig aber auch den Wunsch, etwas zu tun, zu helfen und in einer Notsituation füreinander da zu sein. Viele Menschen in Belarus verstanden erst in dieser Krise, dass sie eine Gemeinschaft bilden, die zusammenstehen kann. Egal, was das Regime sagt. Und dieser Umstand sollte noch weitergehende Folgen haben: Er war die Basis für die Proteste im Sommer 2020.

Im Frühjahr 2020 gab es eine große Welle der Unterstützung für das Personal in den Kliniken und Arztpraxen. Bäckereien versorgten Krankenhäuser mit Brot. Menschen fingen an, Masken und andere Schutzkleidung zu nähen. Meine Mutter zum Beispiel stellte die Produktion in ihrer Näherei gleich um. Sie verpackte die Masken selbst, fuhr mit dem Auto alle Kliniken in der Umgebung von Grodno ab und versorgte so viele Menschen wie möglich. Alte Leute wurden von den Jüngeren versorgt, Essen und Einkäufe nach Hause gebracht.

Anstatt diese Hilfsbereitschaft für sich zu nutzen und sich mit seinen Wählern gutzustellen, befeuerte Lukaschenko die Unzufriedenheit mit seinem Regime noch weiter: Ärzte, die über die Missstände in den Krankenhäusern berichteten, oder Mediziner, die öffentlich die Statistiken der Regierung anzweifelten und eigene Zahlen vorlegten, wurden verhaftet, verurteilt und kamen in den offenen Vollzug. Sie wurden in Baracken eingesperrt, mussten aber weiterhin arbeiten. Sie mussten sich um die Opfer der Pandemie kümmern, die es offiziell gar nicht gab. Auch wurden private Hilfslieferungen behindert, und Krankenhäusern wurde verboten, Geschenke anzunehmen. Meine Mutter konnte die selbst genähten Masken bald nur noch heimlich übergeben. Sie traf sich an den Hintereingängen der Kliniken mit den Krankenschwestern, die ihre Päckchen dann ins Gebäude schmuggelten und dort verteilten.

Mit jedem Verbot aber spornte das Regime die Helfer weiter an. Diese schufen als Reaktion im ganzen Land vernetzte Strukturen.

Gerade Menschen, die in Technologiefirmen arbeiteten, setzten aktuelle digitale Mittel ein, um Hilfe möglichst effektiv dorthin zu bringen, wo sie am nötigsten gebraucht wurde. Sie programmierten Datenbanken und Apps, schufen neue Kommunikationswege auf den Social-Media-Plattformen. So organisierten sie besondere Hilfsaktionen für Ärzte und Krankenhäuser, verteilten Medikamente und Hilfsmittel an Bedürftige oder schlecht ausgestattete Kliniken. Sie schufen eine Infrastruktur, die später im Jahr für die Koordination von Protestaktionen genutzt werden konnte.

In vielen Städten entstanden Vorratslager, von denen aus Medikamente, Masken, Nahrung und Kleidung verteilt wurden. In Minsk wurde so eine Galerie, die bis dahin Partytreffpunkt gewesen war, zur Lagerhalle. Viele Museen und Firmen in kleineren Städten stellten ihre Räumlichkeiten zur Verfügung. Immer mehr Menschen arbeiteten daran, sich gegenseitig zu helfen. Selbst die 20 Kilogramm Kekse, die eine alte Dame für Ärzte gebacken hatte, fanden so ihren Weg zu den Empfängern, für die sie gedacht waren.

Es war eine Zeit, in der viele Menschen merkten, wie einfach es sein kann, sein Schicksal in die eigene Hand zu nehmen und sich gegenseitig zu unterstützen. Eine Zeit, in der sie lernten, weniger Angst vor staatlichen Repressionen zu haben.

Nie zuvor war so deutlich geworden, dass es zwei verschiedene Belarus gab: Das solidarische Land, in dem Menschen sich gegenseitig schützen und unterstützen wollten. Und das Land, in dem es Corona nicht zu geben schien. In dem der Präsident sagte, dass er noch kein Virus gesehen hätte – um kurz danach zu verkünden, er hätte sich angesteckt, aber die Infektion natürlich erfolgreich abgewehrt. Dieses zweite Land, in dem es keinerlei Einschränkungen gab, in dem Eishockeyspiele in voll besetzten Hallen stattfanden, in dem riesige Militärparaden vor vielen Zuschauern abgehalten wurden. Ohne Maske, ohne Abstand. Ganz so, als ob es das Virus nicht geben würde.

Diese Einstellung rächte sich bei der nächsten Wahl. Sie ist einer der Gründe, warum es zu den größten Protesten kam, die das Land jemals gesehen hatte.

Die Wahl 2020

Die Präsidentschaftswahl war für den 19. August 2020 angesetzt. Am 29. Mai wurde Sergei Tichanowski verhaftet. Er war einer der Oppositionskandidaten für das Präsidentenamt. Tichanowski war neu in der Politik und vor allem durch seinen YouTube-Kanal bekannt geworden, auf dem er die Regierung ins Visier nahm. Sein Plan war es gewesen, eine große Zahl seiner Anhänger dazu zu bringen, nicht wählen zu gehen, um dann anhand der gezählten Stimmen Wahlbetrug nachweisen zu können. Im Mai und im Juni wurden weitere Oppositionskandidaten verhaftet. Von den verbleibenden Anwärtern auf das Amt schien niemand Lukaschenko gefährlich werden zu können. Bis Swetlana Tichanowskaja ihre Kandidatur ankündigte und am 14. Juli sogar zur Wahl zugelassen wurde.

Swetlana Tichanowskaja ist die Ehefrau von Sergei Tichanowski und inzwischen die wohl bekannteste Repräsentantin von Belarus. Sie steht mit vielen westlichen Regierungen im Dialog, wird von ihnen eingeladen und gehört. Lukaschenko hingegen erkennen diese nicht mehr als Präsidenten an. Als Tichanowskaja antrat, kannte sie kaum jemand. Das war der Hauptgrund für Lukaschenko, sie als Gegenkandidatin zuzulassen: Er war davon überzeugt, dass eine so unbekannte Frau seinen Wahlsieg nicht gefährden könne. Vor allem, weil zwischen der Zulassung und der Wahl nur knappe vier Wochen lagen. Eine nur sehr kurze Zeit für den Wahlkampf.

Aber Lukaschenkos Rechnung ging nicht auf: Die sonst so uneinige Opposition im Land versammelte sich hinter Tichanowskaja. Gemeinsam mit Maria Kalesnikawa und Veronika Tsepkalo bildete sich ein Trio von Frauen, die nicht auf Macht aus waren, sondern für die Freiheit eintraten. Sie wollten, dass Tichanowskaja die Wahl am 9. August gewinnt, um das Land neu ordnen und wirklich demokratische Wahlen abhalten zu können.

Tichanowskajas Wahlkampf war das Gegenteil eines eitlen Machtkampfes und gerade deshalb so erfolgreich: Sie wirkte bodenständig, sprach von den Werten des Landes und der Bevölkerung. Sie sprach Themen an, die im Laufe der Corona-Zeit für die Belarusen wichtig geworden waren: Sie hatten erlebt, wie der Staat versagt hatte. Und gleichzeitig gemerkt, wie viel mit gegenseitiger

Hilfe erreicht werden kann. Erstmals, so schien es, sahen sie sich als Teil einer Gemeinschaft, die ihr Schicksal selbst in die Hand nehmen kann. Damit konnte Tichanowskaja viele der ehemaligen Wähler von Lukaschenko gewinnen, vor allem die Frauen. Zum ersten Mal seit langer Zeit schien jemand dem Diktator gefährlich werden zu können. Und dieser reagierte darauf wie immer: mit Repressionen und Wahlbetrug.

Unter den Oppositionellen in Litauen und anderswo im Ausland wurden die Entwicklungen in unserem Heimatland mit Spannung verfolgt – und natürlich auch vorangetrieben.

Uns war klar, dass nach den Wahlen viel geschehen würde: Die Stimmung im Land war so eindeutig gekippt, dass Tichanowskaja unter normalen Umständen die Wahl auf jeden Fall gewinnen würde. Dass aber Lukaschenko den Wahlsieg anerkennen würde, war mehr als unwahrscheinlich. Die Folge würden Proteste sein. Welches Ausmaß sie haben würden, ließ sich nicht vorhersehen. Aber ich wollte auf jeden Fall dabei sein. Noch aber konnte ich nicht nach Hause, denn die Arbeit hielt mich in Vilnius fest: Nach ersten kleineren Aktionen im Dunstkreis der Universität hatte ich begonnen, mich mehr und mehr in der Opposition zu engagieren, war sehr aktiv und auch sichtbar in dieser Rolle geworden.

Auf die anstehende Wahl bereitete sich die Opposition diesmal gründlich vor. Eine der vielen Initiativen war eine Webseite, an der ich mitarbeitete: Sie sollte dazu dienen, Wahlbetrug nachzuweisen. Subr hieß sie, Wisent. Die Namensgleichheit mit der Oppositionsbewegung aus den frühen 2000er-Jahren war zufällig. Subr basierte auf einer simplen Idee: Möglichst viele Wähler, die für Oppositionskandidaten stimmten, sollten sich dort mit ihrer Wahlentscheidung registrieren. Daraus würden wir die ungefähre Zahl der tatsächlich für die Opposition abgegebenen Stimmen ableiten können. Diese wollten wir dann mit den Zahlen der belarusischen Wahlkommission vergleichen. Wenn unsere Zahlen – wie wir vermuteten – höher waren als die offiziellen, ließ sich der Betrug belegen.

Die Seite zu erstellen war kompliziert: Zum einen mussten wir gewährleisten, dass die Plattform nicht unter dem Ansturm am Wahltag zusammenbrechen würde. Zudem sollte sie leicht zu bedienen sein. Aber vor allem durfte die Meldung keine Rückschlüsse auf die Personen zulassen, die sich registrierten. Die Meldung musste komplett anonym erfolgen können, denn wir wollten niemanden in Gefahr bringen.

Bis kurz vor der Wahl arbeiteten wir Tag und Nacht an der Webseite. Die Programmierer schliefen kaum noch, viele Studenten der EHU sprangen ein, um zum Beispiel bei der Dateneingabe zu helfen. Nebenbei entwickelten wir noch Malanka TV, einen Nachrichtenkanal, den wir bei YouTube einrichten wollten und der aktuell aus und für Belarus berichten sollte.

Subr wurde gut angenommen, und die Seite hat den Stresstest bestanden. Wir konnten verfolgen, wie viele Leute für Swetlana Tichanowskaja gestimmt haben mussten, wenn wir allein die Meldungen bei uns hochrechneten. Dass, wie sich herausstellte, die Wahlkommission viele Stimmen für die Opposition unterschlug, war wenig überraschend.

Doch was wir mit Subr anhand von Zahlen nachwiesen, war für jeden in Belarus auch deutlich zu sehen – so offensichtlich und vielfältig war die Wahlmanipulation durch die Regierung. Dennoch hatten sich vor den Wahllokalen Schlangen gebildet, es wurde über die Oppositionskandidatin gesprochen, ihre Chancen eingeschätzt. Viele Leute gaben ihre Stimme freudig und aufgeregt ab. Die Stimmung war gänzlich anders als bei den Wahlen zuvor, positiver. Die Menschen waren wirklich interessiert. Wechsel lag in der Luft. Jedoch spiegelte sich nichts davon in den offiziellen Ergebnissen wider.

Am Wahlabend saßen wir in Vilnius vor unseren Computern, sahen die Meldungen, hörten das offizielle Ergebnis, und es wurde deutlich, wie dreist die Regierung war: Mehr als 80 Prozent der Stimmen wurden Lukaschenko zugesprochen. Wir waren aber zu einem gänzlich anderen Ergebnis gekommen.

Die Reaktion der Bevölkerung ließ nicht lange auf sich warten: Schon am Abend des 9. August gingen Menschen im ganzen Land auf die Straße. 100 000 waren es in Minsk. Sie protestierten gegen die gefälschte Wahl, verlangten den Rücktritt von Lukaschenko. Die Polizei reagierte mit aller Härte: Mit Tränengas und Gummigeschossen wurde auf Demonstranten geschossen, Tausende Menschen wurden verhaftet und in Untersuchungshaft gesteckt. Viele wurden verletzt, ein Mann starb.

Demonstrationen hatte es auch schon vor dem Wahltag gegeben. Aber die so offensichtlich und schamlos gefälschte Wahl setzte etwas Neues in Gang: Die Proteste sollten weitergehen. Über Monate. Im ganzen Land. Getragen von ganz verschiedenen Gruppen der Bevölkerung. Und das Regime sollte weiter und weiter all seine Kräfte dagegen aufbieten.

Viele Oppositionelle sahen sich bald gezwungen, das Land zu verlassen. Auch Swetlana Tichanowskaja musste schon ein paar Tage nach der Wahl fliehen, nach Vilnius, von wo aus sie zur Repräsentantin des demokratischen Belarus werden sollte.

Rückkehr nach Belarus

»Mach es nicht!« Meine Freunde in Vilnius wollten nicht, dass ich nach Belarus zurückging. Aber mir war am Wahlabend, als ich die Ausschreitungen sah, sofort klar geworden, dass ich zurück wollte. Musste. Ich dachte, dass ich dort mehr ausrichten könne als aus der Ferne. Dass ich vor Ort sein wollte, an der Seite der Menschen, die für ihre Freiheit kämpften. Wie viele andere sah ich im Sommer 2020 eine echte Chance, Lukaschenko zu stürzen.

Die Sorgen meiner Freunde waren allerdings mehr als berechtigt: In Litauen hatte ich Proteste und Demonstrationen organisiert, hatte Interviews für Zeitungen gegeben, in denen ich über die Lage in Belarus sprach. Ich musste den Sicherheitsbehörden in Belarus bekannt sein – meine Akte beim KGB war sicher seit dem ersten »Gespräch« deutlich dicker geworden. Es würde gefährlich sein zurückzugehen. Aber ich war fest entschlossen.

Die Reise würde diesmal jedoch nicht einfach werden: Litauen war wegen der Ausbreitung des Coronavirus im Lockdown. Weder Busse noch Züge fuhren über die Grenze nach Belarus. Mit dem Auto wäre es einfach gewesen. Doch ich hatte keins. Mein nächster Plan war: Einen Bus bis zur Grenze zu nehmen, zu Fuß die Grenze zu überqueren, um dann in Belarus in einen Bus nach Grodno zu steigen. Aber das funktionierte ebenfalls nicht: Niemand durfte zu Fuß über die Grenze. Es war schon absurd, dass diese Vorschrift auch an einem offiziellen Grenzübergang galt. Eigentlich richtete sie sich gegen Schmuggler, die abseits von Grenzposten versuchten, ins Land zu gelangen. Es trotzdem zu versuchen stellte ein zu großes Risiko dar. Also musste der nächste Plan her: Eine Reise mit dem Fahrrad war wohl eine etwas merkwürdige Alternative, aber eine durchaus gangbare.

Ich besorgte mir also Packtaschen, um die wichtigsten Dinge darin unterzubringen. Einige Habseligkeiten stellte ich bei Freunden unter, löste meine Wohnung auf und besorgte Landkarten, um die Route zu planen. Drei Tage würde ich wohl unterwegs sein. Als ich kurz davor war, aufs Rad zu steigen, boten mir ein paar Freunde an, mich nach Grodno zu fahren. Sie wollten die Gelegenheit nutzen, um Verwandte zu besuchen, die auf halber Strecke wohnten.

Sie waren nicht so politisch engagiert wie ich und hatten die Nachrichten aus Belarus nur am Rande verfolgt. Anders als ich, die viel in den sozialen Medien unterwegs war, hatten sie nicht die Telegram-Kanäle abonniert, über die ich meine Informationen bezog. Sie waren völlig ahnungslos – und sollten direkt in den größten Demonstrationen landen, die es in Belarus je gegeben hatte.

Meine Mutter konnte kaum glauben, dass ich wieder im Land war. Sie fand es unvernünftig und gefährlich. Deshalb hatte ich ihr auch nichts von meinen Reiseplänen erzählt. Sie hätte mir davon abgeraten, wie meine Freunde in Vilnius. So rief ich meine Mutter erst bei meiner Ankunft in Grodno an. Kurze Zeit später hielten wir uns wieder in den Armen. Einerseits war meine Mutter froh, dass ich wieder da war, andererseits machte sie sich große Sorgen.

Aber Grodno war für mich nur ein Zwischenstopp. Ich wollte nach Minsk: Dort sollten am 16. August große Demonstrationen stattfinden. Denn Swetlana Tichanowskaja hatte in einer Videobotschaft dazu aufgerufen, am Wochenende nach den Wahlen friedlich gegen das Regime zu protestieren. Hunderttausende folgten diesem Aufruf. Vor allem am freien Sonntag.

Ein Land steht auf

Minsk war voll. Egal wohin ich schaute, sah ich Menschen. Mehr als 400 000 waren gekommen, um zu demonstrieren. Sie trugen weiß-rot-weiße Fahnen, hatten weiße Armbänder und waren überall in der Stadt. Aus den Häusern kamen Leute, die Wasserflaschen und Essen brachten. Andere verteilten Essen und Getränke aus dem Kofferraum ihrer Autos. Cafés gaben Getränke kostenlos oder gegen eine kleine Spende für die Opposition ab. Bands gaben spontane Konzerte auf den Straßen. Schriftsteller trugen ihre Werke vor. Kinder spielten mit weiß-roten Luftballons, die von Straßenkünstlern verteilt wurden. Ältere und gebrechliche Menschen wurden gestützt. Viele Menschen unterhielten sich einfach. Die Belarusen wirkten wie ausgewechselt.

Immer wieder hatte ich meine Landsleute als Stubenhocker wahrgenommen, die meckern und schimpfen, aber nicht protestieren konnten. Doch an diesen sonnigen Spätsommertagen lag eine friedliche, fast glückliche Stimmung über der Stadt. Menschen aus allen Bevölkerungsschichten waren zusammengekommen: Alte, Junge, Studenten, Arbeiter, Schüler. Nichts schien ihnen etwas ausmachen zu können. Die Angst, die so lange über dem Land gelegen hatte, schien verflogen.

Diesmal könnten wir es schaffen. – Das war der Gedanke, mit dem viele Menschen unterwegs waren. Sie wollten friedlich protestieren, ihren Landsleuten, dem Regime und der Welt zeigen, dass es ein anderes Belarus gab. Die Demonstranten war höflich, zuvorkommend. Ich staunte, als ich sah, dass sie nicht bei Rot über die Straße gingen, dass sie die Schuhe auszogen, wenn sie auf Parkbänke stiegen, um besser sehen zu können. Sie überboten sich in Freundlichkeit, Rücksichtnahme und Solidarität. Sie wirkten, als ob alle Sorgen von ihnen abgefallen wären.

Inmitten der Proteste waren immer wieder die Frauen zu sehen, die das möglich gemacht hatten, weil sie zusammengestanden und Swetlana Tichanowskaja unterstützt hatten. Am präsentesten war Maria Kalesnikawa: Sie ging mit einem glücklichen Lächeln durch die Straßen, war immer da. Sie gab Hoffnung, strahlte Mut aus.

An diesem 16. August war von der Staatsgewalt kaum etwas zu sehen. Die sonst so allgegenwärtige Polizei hatte sich zurückgezogen. Bis auf die Tihari, die »stummen Männer«, Zivilpolizisten, deren Aufgabe es war, die Proteste zu filmen. Unsichtbar sollten sie sein, aber jeder bemerkte sie sofort: Mit ihren billigen Trainingsanzügen und altmodischen Kameras sind sie immer extrem auffällig. Tihari sind berüchtigt in Belarus, weil sie teilweise im Gefängnis rekrutiert werden. Es sind Kriminelle, die für Geld alles tun. Oft genug treten sie als Provokateure auf, um der Polizei Anlass zu geben, Demonstrationen aufzulösen. An diesem Tag aber hielten sie sich zurück.

Lukaschenko schien seine Möglichkeiten auszuloten. Ihm war klar, dass sein Wahlsieg nur von wenigen Ländern anerkannt würde. Die EU hatte das bereits deutlich gemacht, und andere westliche Länder taten es ihr nach. Auch im Land selbst hatte er keinen großen Rückhalt mehr. Unterstützung gab es nur noch aus Russland. Und das auch nur, weil Putin klar war, dass er Lukaschenko in der Hand hatte. Ohne die Hilfe aus Russland, ohne Rohstoffe und Geld würde der sich nicht an der Macht halten können.

Anfangs hatte es auch ermutigende Zeichen gegeben: Dass Lukaschenko einer Verfassungsänderung zustimmen würde, die auf einen friedlichen Wechsel zielte. Selbst eine Doppelspitze mit Tichanowskaja war diskutiert worden. Doch Fakten wurden nicht geschaffen. Lukaschenko wartete ab. Und das war für ihn wahrscheinlich die beste Taktik: So konnte er die Lage sondieren. Der Opposition aber eröffnete sein Vorgehen die Möglichkeit, Werbung für ein neues, freies Belarus zu machen. Und es machte Grodno für ein paar Tage zu einer freien, lebendigen Stadt.

Die Stadt der freien Bürger

Fast 100 Meter lang war die belarusische Flagge, die von Demonstranten durch die Innenstadt von Grodno getragen wurde. Jeder wollte sie anfassen, sie weitergeben, ein Zeichen setzen. Meine Mutter hatte sie in ihrer Näherei hergestellt. Zuerst war sie verärgert gewesen, fühlte sich ausgenutzt, als ich sie darum gebeten hatte. Aber als sie die Fahne in den Straßen der Stadt sah, war sie stolz auf ihren Beitrag.

Die größten Demonstrationen gegen Lukaschenko fanden in Minsk statt, aber die größte Freiheit gab es in Grodno, wo ich wieder leben wollte. Vier Tage lang, vom 15. bis zum 18. August veränderte sich die Stadt komplett: Zehntausende Menschen kamen auf dem zentralen Platz der Stadt zusammen. Die Arbeiter in den Chemiefabriken streikten. Nicht weil sie mehr Lohn wollten, sondern weil sie von den Lügen der Regierung genug hatten. Wie ihnen ging es vielen Bürgern der Stadt. Und im ganzen Land. Man hatte es ertragen, in einer Diktatur zu leben, doch man wollte sich nicht mehr für dumm verkaufen lassen. Denn Lukaschenkos Regime hatte den Bogen überspannt, als die Wahlkommission das Ergebnis für Grodno bekannt gab: 92 Prozent der Stimmen sollten hier für Lukaschenko abgegeben worden sein. Ein Ergebnis, das nachträglich nach oben korrigiert worden war. – Und das wohl sogar zwei Mal: Zunächst waren 79 Prozent gemeldet worden, was sicher auch nichts mit den tatsächlichen Zahlen zu tun gehabt haben dürfte.

In den Tagen nach der Wahl schlossen sich streikende Arbeiter und Demonstranten zusammen. Sie forderten einen Dialog auf lokaler Ebene, suchten nach Lösungen. Und überzeugten damit die Stadtverwaltung. Diese tat etwas, was für Belarus bisher unerhört war: Sie trat in den Dialog. Zuerst wurden die politischen Gefangenen, die in den Gefängnissen der Stadt einsaßen, freigelassen. Parallel dazu wurden Kanäle für einen Austausch zwischen Demonstranten und Verwaltung geschaffen. Auch durften Versammlungen frei abgehalten werden. In der Stadt wurden fünf Bühnen aufgebaut und mit Technik versehen, sodass alles, was gesagt wurde, auch über das Internet mitverfolgt werden konnte. Jeder, der etwas zu sagen hatte, konnte dort sprechen: Oppositionelle, einfache Arbeiter oder auch der Bürgermeister von Grodno. Dieser entschuldigte sich für das harte Vorgehen der Sicherheitskräfte, gestand Fehler ein und wollte einen Weg finden, gemeinsam in die Zukunft zu gehen.

Meine Heimatstadt war im Aufbruch. Und aus ganz Belarus kamen die Menschen, weil sie nicht glauben konnten, was hier passierte. Eine staatlich kontrollierte Zeitung präsentierte Grodno sogar als die »Stadt der freien Bürger« auf der Titelseite. Alles schien möglich. Vier Tage lang. – Dann setzte Lukaschenko den Bürgermeister ab und installierte einen Hardliner seiner Regierung als Nachfolger. Auch wurden Busladungen von Regimeanhängern aus ganz Belarus herangekarrt, um für Lukaschenko zu demonstrieren. Er selbst trat auf und wurde ausgepfiffen. Die Streiks in den Fabriken wurden gewalttätig aufgelöst, Arbeiter festgenommen oder entlassen. Und in der Stadt begannen Lukaschenkos Sicherheitskräfte mit der Jagd auf Demonstranten. – Der kurze Sommer der Freiheit war vorbei, obwohl er kaum begonnen hatte.

Der lange Herbst

Der kleine Protest im Hinterhof

»Fahrenheit 451« ist ein Roman des US-amerikanischen Autors Ray Bradbury. Eine Dystopie über eine Zukunft, in der der Besitz von Büchern verboten ist und alle gefundenen Exemplare von der Feuerwehr verbrannt werden. Die Geschichte ist in den USA angesiedelt, weit weg von Belarus, doch für uns wurde sie plötzlich hochaktuell: Es wurden Bücher verboten, aus Bibliotheken entfernt, in Buchhandlungen beschlagnahmt und vermutlich vernichtet.

Das Ensemble des städtischen Theaters von Grodno machte aus Bradburys Roman Ende September 2020 eine Freilichtaufführung – gezwungenermaßen. Wie andere Theater in Belarus hatte es sich an den Protesten gegen die Regierung beteiligt. Und wie andere Theater war es auf Anweisung der Behörden geschlossen worden.

Viele Schauspieler saßen bereits in Haft. Doch man wollte sich davon nicht unterkriegen lassen: Auf einer improvisierten Bühne im Hinterhof des Theaters wurde »Fahrenheit 451« zu einer Parabel, die rund 700 Zuschauer direkt in die Seele des Regimes blicken ließ. Es war eine packende, mitreißende Aufführung. Die Schauspieler wussten, dass sie um ihre Freiheit spielten. Rund um die Spielstätte waren Mannschaftswagen und Gefangenentransporter aufgefahren. Sie umgaben Bühne und Zuschauer wie eine Wagenburg im Wilden Westen.

Auch wenn viele Zuschauer eigentlich darauf gefasst waren: Die Polizisten griffen nicht ein. Vielleicht, weil sie ihrerseits darauf warteten, dass Belarus und Lukaschenko direkt erwähnt würden. Das hätte ihnen Anlass gegeben, das Stück sofort abzubrechen. So begnügten sie sich damit, die Zuschauer zu filmen, sie zu bedrohen, zu warnen und aufzufordern, nach Hause zu gehen. Aber kaum jemand tat es. Es war ein Trotz zu spüren, der Wille, sich nicht einschüchtern zu lassen. Alle wussten, Schauspieler und Publikum, dass die Zeit der Freiheit in Grodno vorbei war und dieses Stück ein letztes Aufbäumen war. Nach der Aufführung flüchteten viele Mitglieder des Ensembles nach Litauen, wo sie bis heute leben und arbeiten.

Seit Lukaschenko eine neue Verwaltung in der Stadt installiert hatte, war die Zeit der großen Proteste vorbei. Der freie und offene Austausch war so schnell beendet worden, wie er begonnen hatte. Demonstrationen wurden von der Polizei massiv bekämpft. Doch die Opposition wurde kreativ und überraschte die Obrigkeit immer wieder, auch wenn die Handlungsspielräume mit der Zeit immer kleiner wurden.

Zunächst hatten wir aber noch unsere Hinterhöfe: Regelmäßig kamen wir dort zusammen. Wir diskutierten und planten, was an Aktionen noch möglich war. Kleine Nadelstiche wollten wir setzen. Einmal um dem Regime zu zeigen, dass wir noch da waren. Zum anderen aber, um den Menschen in Belarus zu signalisieren, dass sie nicht aufgeben sollten, dass es eine bessere Zukunft geben könne.

Die Höfe waren aber nicht nur Orte der Planung. Sie waren auch wichtige Orte der Gemeinschaft. Oft verwandelten sie sich in Freiluftkinos: Leute brachten gute Projektoren aus Kinos mit, und die Hauswände wurden zu Leinwänden, auf denen Filme und Fotos gezeigt wurden. Wir sangen zusammen, tanzten. Manchmal wurden ganze Essenstände aufgebaut. Kinder spielten zwischen den Erwachsenen. Es waren Feste, die spontan entstanden, zu denen schnell viele Menschen aus der ganzen Stadt kamen. Es waren aber auch Feste, die immer wieder von der Polizei gesprengt wurden. Technik wurde zerstört, das mitgebrachte Essen auf den Boden geworfen, die Menschen vertrieben oder gar festgenommen.

Im Laufe des Herbstes schnürte das Regime dem Widerstand immer weiter die Luft ab. Die Menschen aber fanden immer noch Wege, ihren Protest auszudrücken. Es waren kleine Dinge, die sie noch tun konnten, aber auch die blieben nicht ohne Wirkung.

In dem Haus, in dem ich wohnte, tauschten wir zum Beispiel im Treppenhaus die Glühbirnen aus. Aus den ersten drei Stockwerken leuchtete es weiß, aus den mittleren drei rot, aus den oberen wieder weiß. Weil sich nicht feststellen ließ, wer genau dafür verantwortlich war, musste die gesamte Hausgemeinschaft Bußgeld zahlen. Wir hatten ja, so wurde uns vorgeworfen, gegen die öffentliche Ordnung verstoßen.

Danach hängten wir in manchen Wohnungen weiße Vorhänge auf, in anderen rote. Und die von Lukaschenko eingeführte Fahne von Belarus wurde im Eingangsbereich des Hauses als Fußabtreter zweckentfremdet.

Irgendwann konnten wir uns diese Aktionen nicht mehr leisten, denn die Bußgelder summierten sich: Wir sollten mehr als 300 Euro Strafe zahlen, was angesichts des niedrigen Durchschnittseinkommens in Belarus sehr viel Geld war. Der Hausverwalter bat uns flehentlich, damit aufzuhören. Daraufhin verlagerten wir unsere Aktionen nach draußen. Wie viele andere Menschen auch: Es wurde eine Art absurder Volkssport, sich immer neue Möglichkeiten auszudenken, die Farben der Revolution im Stadtbild unterzubringen. Einmal wurden zum Beispiel weiße und rote Bänder in einen langen Zaun eingeflochten, und die Polizei hatte sehr lang damit zu tun, diese wieder zu entfernen. Es waren Tausende. Am lustigsten war aber die Wäscheleine, in der in loser Reihenfolge weiße und rote Unterhosen hingen.

Folgenlos blieben diese Aktionen nicht: Immer drastischer schritt die Polizei bei solchen vermeintlichen Verstößen ein. Sie konfiszierte Regenschirme, die rot und weiß gemustert waren. Sie kontrollierte Menschen, die weiße Turnschuhe mit roten Streifen trugen oder auch nur eine rote Mütze und einen weißen Schal. Jeder, der Kleidung trug, die Weiß und Rot kombinierte, war verdächtig.

Der Widerstand musste kreativ bleiben, und gleichzeitig wurde es immer gefährlicher. Während vor allem die jungen Belarusen weiterhin versuchten, Zeichen gegen das Regime zu setzen, resignierten viele der älteren.

Die Generationenfrage

Mein Vater schaute sich hektisch um, als er in seiner Firma die Treppe hinunterging. Er wollte sicher sein, dass uns niemand zusammen sah. Niemand, mit dem er zusammenarbeitete, und noch weniger jemand, der im Nachbarhaus arbeitete. Er hatte Angst vor Repressionen. Dabei wollte ich ihm nur einen selbst gebackenen Kuchen zum Geburtstag bringen.

Im Nachbarhaus hatte der KGB seine Büros. Der Geheimdienst, der Verhaftungen anordnete und Akten über jeden führte, der in Belarus verdächtigt wurde, zur Opposition zu gehören. Auch mein Vater vermutete, dass es seit meinem ersten Verhör eine Akte über mich gab. Die Wahrscheinlichkeit, dass mich jemand sehen und erkennen könnte, war zwar nicht groß. Aber sie war vorhanden, was Grund genug zur Sorge war.

Ich konnte meinen Vater verstehen: Er hatte mittlerweile eine gute Stelle in einer Baufirma und wollte nicht riskieren, sie zu verlieren. Doch gleichzeitig machte es mich traurig und wütend, zeigte es doch, dass Lukaschenkos Regime es geschafft hatte, dass Familienmitglieder sich plötzlich mit Misstrauen begegneten. Und so wie uns ging es vielen.

Das Verhalten meines Vater zeigte aber auch, dass der Widerstand, der Aktivismus eine Generationenfrage war: Je jünger die Menschen waren, desto eher unterstützten sie den Kampf gegen Lukaschenko. Die Älteren waren hingegen zögerlicher. Nicht weil sie für Lukaschenko waren, sondern weil sie ängstlicher waren. Sie hatten in den 1990er-Jahren erfahren, was geschehen kann, wenn ein System zusammenbricht. Für die Generation meiner Eltern stand nach Wochen und Monaten des Protestes die Sorge um den Arbeitsplatz, um die Rente und die Wohnung im Vordergrund. Sie waren schon vor Beginn der Proteste pessimistisch gewesen, hatten nicht geglaubt, dass sich dadurch etwas ändern könnte. Lukaschenko hätte mein Vater niemals gewählt, doch auch Swetlana Tichanowskaja gab er seine Stimme nicht. Er hatte schon lange aufgegeben. Wie so viele, die nicht mehr daran glaubten, dass Lukaschenko jemals verschwinden würde. – Und selbst wenn: Besser würde es dann bestimmt nicht werden. Sie hatten Angst davor, erneut alles zu verlieren, das bisschen Sicherheit, das sie hatten. Und sie hatten

Angst vor Repressalien, denn auch das hatten sie schon einmal erlebt.

Das war auch der Grund, weshalb meine Mutter immer wieder verärgert war, wenn ich mit neuen Ideen für Flaggen oder Gardinen zu ihr kam – auch wenn sie jedes Mal half. Wie die meisten Menschen der älteren Generationen war sie in einem Überwachungsstaat groß geworden. Hatte als Kind die Angst ihrer Eltern gespürt, dass es morgens an der Tür klopfen könnte und man mitgenommen würde. Sie kennt die Geschichte der stalinistischen Säuberungen und der Gulags aus den Schilderungen ihrer Eltern. Sie hatte oft genug miterlebt, wie alte Leute in Tränen ausgebrochen waren, wenn sie von verschwundenen Familienmitgliedern erzählt hatten. Sie und mein Vater und die vielen anderen Menschen ihrer Generation hatten größere Angst als die jüngeren. Diese wollten sich ein freies, neues Land schaffen.

Und so machten und machen wir Jüngeren weiter. Wir wollen das alte Belarus nicht mehr. Wir sind vernetzter, haben Freunde in der ganzen Welt. Wir kennen die Freiheit in den baltischen Staaten, hatten miterlebt, wie sich die Ukraine mit der Revolution 2014 aus der Umklammerung der Oligarchen befreit hatte – auch wenn dieser Prozess noch lange nicht abgeschlossen war, als Russland den Krieg begann. Wir glauben, dass auch bei uns ein Wandel möglich ist.

Die Zeit arbeitet gegen uns

Im Sommer 2020 war Belarus noch nicht bereit für die Revolution. So fühlt es sich rückblickend an. Wir kämpften friedlich für unsere Rechte und unsere Freiheit, arbeiteten solidarisch zusammen. Wir hatten unsere Angst abgelegt und einen Funken von Freiheit gekostet. Einen kurzen Spätsommer lang hatten wir uns daran berauscht und dann einen furchtbaren Herbst erlebt, in dem das Regime immer brutaler und gnadenloser vorging. In dem große Demonstrationen mit Gewalt aufgelöst wurden und Menschen bis in ihre Wohnungen verfolgt wurden. Niemand sollte sich mehr sicher fühlen im Land.

Eigentlich war schon vor den großen Demonstrationen im August in Minsk klar gewesen, dass die Ruhe nur von kurzer Dauer sein würde: Schon am ersten Abend nach den Wahlen zeigte sich, dass das Regime gewillt war, drastische Gewalt anzuwenden. Die Polizei löste Demonstrationen brutal auf, nahm Tausende Menschen fest, um dann kurz Atem zu holen. Es war wie eine kleine Ruhepause zwischen zwei Stürmen.

Was wirklich in diesen ersten Tagen geschehen war, wurde erst nach und nach deutlich: Immer mehr Menschen wurden aus den Gefängnissen entlassen und zeigten ihre Wunden und erzählten ihre Geschichte. Unzählige ausgeschlagene Zähne, gebrochene Arme und Beine, verletzte Augen und zwei Tote: Die Sicherheitskräfte hatten nur allzu deutlich gemacht, wozu sie im Stande waren. Sie hatten keine Gnade gezeigt. Und egal wie friedlich wir waren: Es gab keinen Grund anzunehmen, dass sie sich davon beeindrucken lassen würden. Würden wir die andere Wange hinhalten, so würden sie ohne Zögern auch auf diese einprügeln. Es ist ein Wunder, dass die Menschen in Belarus trotzdem weiter protestierten und weiterhin friedlich blieben.

Die Augen der Macht

Angst. Das war es, was ich in den Augen der Bereitschaftspolizisten sah, die uns umzingelt hatten. Angst und Orientierungslosigkeit. Ich spürte, dass sie gerade deshalb gefährlich waren. Sie agierten wie eine Meute Raubtiere, die ihre Beute in die Ecke getrieben hatten. Sie kannten keinen anderen Weg, als aggressiv zu werden. Es war das, was sie gelernt hatten. Sie hielten Schlagstöcke in der Hand, hatten Tränengas dabei.

Demonstranten einzukesseln war in Grodno ein Leichtes: Die Altstadt besteht aus kleinen Gassen, die schnell abgeriegelt werden können. Niemand kann mehr fliehen. In Minsk sah das anders aus: Dort wurde auf großen, breiten Straßen protestiert, eine Flucht war meistens möglich.

Wir steckten fest, hakten uns gegenseitig unter, wollten es den Angreifern so schwer wie möglich machen, uns einzeln zu packen. Vorne standen die Frauen, denn die Sicherheitskräfte gingen gegen sie meistens nicht so brutal vor wie gegen Männer.

Dann griffen sich die Polizisten ihr erstes Opfer: Einen Jugendlichen, der sich eine Fahne um die Schultern gelegt und vor der Brust verknotet hatte. Sie packten ihn und zogen ihn nach hinten weg. Dabei schnürten sie ihm die Luft ab und der Junge drohte zu ersticken. Tränengas zog durch die Luft und vergrößerte seine Atemnot weiter. Mein Bruder, der in der Nähe stand, wollte eingreifen. – Aber er musste es nicht: Ärzte und Pflegekräfte eines nahen Krankenhauses kamen angelaufen. Sie standen auf dem Gelände ihrer Klinik hinter einem Zaun, schrien die Milizen an, riefen ihnen zu, dass sie uns in Ruhe lassen sollen. Fragten entsetzt, ob sie den nun auch Kinder töten wollten. Die Polizisten ließen kurz von uns ab, und wir nutzen die Chance, um zu flüchten.

Wir versuchten über den Zaun in Sicherheit zu klettern, als die Polizisten sich wieder sammelten und uns nachsetzten. Einer von ihnen drückte meine Hand so fest auf einen herausstehenden Draht, dass er meine Hand durchbohrte. Auch wenn die Wunde noch nach Wochen zu sehen und zu spüren war, so war ich im Gegensatz zu vielen anderen noch einmal glimpflich davongekommen: Die Stimmung hatte sich gedreht. Grodno war zu einer Stadt geworden, an der ein Exempel statuiert werden sollte. Denn sie war die einzige Stadt des Landes gewesen, die den Dialog gewagt hatte, deren Führung sich offen für Veränderungen gezeigt hatte. Und Grodno war zudem eine Stadt, die eine lange Tradition des Widerstandes gegen das Regime vorzuweisen hatte.

Bis in den Winter hinein gab es fast täglich Protestaktionen: Spontan bildeten sich Gruppen, die gegen das Regime protestierten. Und die Polizei war überall. Sie überwachte die Straßen, postierte Beamte auf den größeren Plätzen und war schnell zur Stelle, wenn irgendwo Parolen gerufen wurden. Tränengas und Blendgranaten waren stets zur Hand. Immer wieder wurden Waffen mit Gummigeschossen eingesetzt. Und diese sind keineswegs harmlos: Auch sie können schwere Verletzungen verursachen oder sogar töten.

Jeden Tag wurden Menschen verfolgt und festgenommen. Manchmal auf der Straße, manchmal in ihrer Wohnung und immer wieder in fremden Wohnungen, wo sie auf der Flucht vor der Polizei Unterschlupf suchten. Man brachte sie auf die Polizeiwache oder gleich ins Untersuchungsgefängnis. Sie wurden registriert, in Zellen gesperrt und erst einmal einige Zeit dort gelassen. Doch viele von ihnen wurden misshandelt: Sie wurden geschlagen, bespuckt; Vergewaltigungen wurden nicht nur angedroht, sondern auch verübt. Wer festgenommen wurde, musste Angst haben. Sehr berechtigte Angst.

Wehren konnten wir uns nicht. Wir konnten nur Flagge zeigen, konnten weiterhin auf den Straßen sichtbar sein, konnten kleine Gesten des Widerstands organisieren. Ich begann in dieser Zeit, für eine Organisation zu arbeiten, die Verbrechen des Regimes dokumentierte. Beweise für Folter, Gewalt und Morde mussten gesammelt und festgehalten werden. Irgendwann werden Lukaschenko und seine Helfer sich dafür verantworten müssen.

Das Rückgrat der Diktatur

Lukaschenkos Macht baut auf starke Sicherheitskräfte. Militär, Polizei und mehrere paramilitärische Einheiten, die direkt dem Innenministerium unterstellt sind, zählen dazu. Das Militär darf zwar im Inneren eingesetzt werden, dazu gekommen ist es bisher aber noch nicht. Doch allein die Möglichkeit ist Drohung genug.

Am größten ist nach dem Militär die Polizei: Für sie arbeiten rund 60 000 Menschen. Viele davon sind allerdings niedere Beamte, die in der Verwaltung tätig sind. Auch einfache Sicherheitsleute gehören dazu, die zum Objektschutz oder auch bei Veranstaltungen eingesetzt werden. Letztlich sind es 10 000 bis 15 000 Polizisten, die tatsächlich auf der Straße eingesetzt werden und die übliche Polizeiarbeit machen.

Gefährlich sind die Bereitschaftspolizei und die Milizen der OMON. Dabei handelt es sich um eine Spezialeinheit, die gegen politische Gegner eingesetzt wird. Sie hat ungefähr 1400 Mitglieder. Wichtig für den Kampf gegen politische Gegner ist daneben auch der Geheimdienst KGB. Für ihn arbeiten etwa 12 000 Menschen.

Ohne diesen Sicherheitsapparat wäre Lukaschenko schon längst abgesetzt worden. Weshalb die Arbeit für Polizei und Militär verhältnismäßig gut bezahlt wird und die Mitarbeiter schon früh rekrutiert werden. Meist direkt aus dem zweijährigen Militärdienst heraus, der für jeden männlichen Belarusen verpflichtend ist.

Gerade in den unteren Rängen des Sicherheitsapparates arbeiten dabei viele Männer, die aus armen Verhältnissen stammen. Sie haben einen einfachen Schulabschluss und hätten normalerweise ein Leben als einfache Arbeiter anstreben müssen. Die Chance auf eine anspruchsvollere Ausbildung oder ein Studium hätte sich ihnen nicht geboten. Und das Militär bereitet sie bestens auf ihren zukünftigen Dienst vor: nämlich mit Zwang.

Das Militär wird nach sowjetischem Vorbild geführt: Einen großen Teil der Zeit nimmt die ideologische Bildung ein, womit nicht nur Unterricht in Staatsbürgerkunde gemeint ist, sondern Indoktrination. Auch wird bei der Ausbildung mit Mechanismen der Unterwerfung gearbeitet, mit körperlichen Strafen, die bis zur Folter von Rekruten reichen. Offiziell ist das zwar nicht erlaubt, aber die Praxis sieht anders aus.

Während der zwei Dienstjahre müssen die jungen Männer in den Kasernen wohnen. Ausgang haben sie selten, und sie sind ihren Vorgesetzten ausgeliefert. Gewalt und Mobbing sind an der Tagesordnung. Die einzigen Informationsquellen, die ihnen zugänglich sind, sind staatliche Fernsehsender, die vor allem Propaganda ausstrahlen. Was hier stattfindet ist Gehirnwäsche, systematisch und über lange Zeit hinweg.

Die Folgen zeigen sich nur zu deutlich: Zum einen kommt es immer wieder zu Selbstmorden und zu schweren körperlichen Übergriffen unter den Soldaten. Zum anderen erklärt das die fehlende Menschlichkeit, mit der viele Sicherheitskräfte agieren. Etwas, das man – auf einer ungleich brutaleren Stufe – auch im Krieg Russlands gegen die Ukraine sieht.

Russland bildet seine Soldaten nach einem ähnlichen Prinzip aus wie Belarus. Auch hier hat der Staat den Soldaten ihre Menschlichkeit ausgetrieben, sie zu Handlangern eines diktatorischen Staates gemacht. Und viele von ihnen verhalten sich in Extremsituationen entsprechend: Sie foltern, töten, vergewaltigen, sind nahezu entmenschlicht. Furchtbare Verbrechen wie in Butscha oder Mariupol legen davon Zeugnis ab.

Aber nicht nur die Armee rekrutiert die Absolventen des Militärdienstes, sondern auch die Bereitschaftspolizei. Die Polizeieinheiten, die brutal gegen die Opposition vorgehen, die hart zuschlagen und Massenverhaftungen vornehmen. Denn wer beim Militär ausgebildet wurde, der nimmt keine Rücksicht.

Wem es bei den Sicherheitskräften gelingt, in höhere Ränge aufzusteigen, der genießt zahlreiche Privilegien: Die Bezahlung ist gut, und es winkt auch die Aussicht auf eine eigene Wohnung. Die Männer gehen mit dem Regime einen Pakt ein, einen Pakt, der, je länger er dauert, den Ausstieg umso schwerer macht.

Der Staat bietet den Männern zum Beispiel günstige Kredite an, aber auch diese müssen irgendwann zurückgezahlt werden. Die Mittel dafür kann in Belarus nur jemand aufbringen, der bei den Sicherheitskräften bleibt. Wer dort kündigt oder entlassen wird, wird kaum wieder eine Stelle finden, die ebenso gut bezahlt ist.

Die Armee oder die Bereitschaftspolizei zu verlassen heißt also, bereit zu sein, alles aufzugeben: Einkommen, Wohnung, eine überdurchschnittlich gute medizinische Versorgung, den Status und wahrscheinlich auch die meisten Freunde. All das sind gute

Gründe dafür, im Dienst zu bleiben – und möglichst brutal vorzugehen. Denn das ist es, was ihre Führung von ihnen im Gegenzug verlangt. Und tief in ihrem Inneren wissen sie auch, dass die Demonstranten nicht nur gegen das Regime kämpfen: Sollten die Regimekritiker siegen, würde sich auch jeder einzelne von ihnen für seine Taten verantworten müssen. Und für die meisten wäre diese Liste lang.

Die Dokumentation der Verbrechen

Ein Freund von mir wurde mit gebrochenen Händen aus der Haft entlassen. Man hatte ihn während der ersten Demonstrationen in der Wahlnacht am 9. August 2020 festgenommen und ins Gefängnis gebracht. Für zwei Wochen. Dort wurde er wiederholt geschlagen und getreten. Medizinisch versorgt wurde er in dieser Zeit nicht. Er war einer von Tausenden, die allein in dieser Nacht landesweit verhaftet worden waren. Und dabei war er einer von denen, die noch Glück gehabt hatten.

Schon vor dem 9. August war klar gewesen, dass die Sicherheitskräfte nach der Wahl in Alarmbereitschaft sein würden. Und dass sie nicht zögern würden, Gewalt anzuwenden. Diese Übergriffe sollten dokumentiert werden, Daten über Opfer und Täter systematisch gesammelt und in Berichten der Öffentlichkeit zugänglich gemacht werden. Dazu gründete sich kurz vor der Wahl das International Committee for Investigation of Torture in Belarus (ICIT), das Internationale Komitee zur Untersuchung von Folter in Belarus.

Eines der Ergebnisse dieser Zusammenarbeit ist die Plattform IAPB, die International Accountability Platform for Belarus: Da die Polizeigewalt nicht abriss und Menschenrechtsverletzungen weiter an der Tagesordnung sind, können hier seit März 2021 Übergriffe gemeldet werden. Mitarbeiter werten die Daten aus, überprüfen sie auf Glaubwürdigkeit, sammeln, dokumentieren. Die IAPB wird von vielen europäischen Staaten und Organisationen unterstützt und berichtet regelmäßig über Menschenrechtsverletzungen.

Ich begann, kurz nach meiner Rückkehr nach Belarus für das ICITB zu arbeiten. Bis zu dem Zeitpunkt, als ich Belarus verlassen musste. Es war ein intensives Dreivierteljahr, in dem ich mehr sah, als ich wollte. Ich führte Interviews mit den Opfern, befragte Ärzte und Pflegepersonal in den Krankenhäusern, machte Fotos und versuchte, weiteres Bildmaterial ausfindig zu machen, das die Übergriffe dokumentierte.

Wir arbeiteten in Teams, zu denen Mediziner, Psychologen oder auch Anwälte gehörten. Wir machten eine Arbeit, die dringend nötig war: Wer aus dem Polizeigewahrsam kam, war traumatisiert und oft schwer verletzt. Die Opfer und auch ihre Familien waren hilf- und ratlos. Sie fühlten sich machtlos gegenüber dem Staatsapparat und brauchten Unterstützung. Oft genug hatten sie keine Arbeit mehr und durch Geldstrafen hohe Schulden. Wir konnten ihnen Jobs vermitteln oder sie dabei unterstützen, aus dem Land zu fliehen. Besonders schwer verletzte Opfer brachten wir in Spezialkliniken im Ausland.

Obwohl die meisten Menschen in Belarus wenig Geld zur Verfügung haben, gab und gibt es eine große Bereitschaft, diese Arbeit zu unterstützen. Viele Menschen spenden, um politischen Gefangenen zu helfen, um ihren Familien zu helfen. Es ist Geld, das dringend benötigt wird: Es gibt so viele politische Gefangene, so viele Familien, bei denen ein Elternteil oder gar beide im Gefängnis sitzen, während die Kinder bei Verwandten untergebracht sind.

Aber auch wir Helfer brauchten immer wieder Unterstützung: Ich habe Dinge gesehen und gehört, von denen ich wünschte, ich hätte nie davon erfahren. Von denen ich mir vor allem wünschte, sie wären nie geschehen. Wenn es noch Beweise gebraucht hätte, um zu verstehen, wie menschenverachtend und rücksichtslos Lukaschenko und sein Regime vorgehen: Ich bekam mehr als genug davon.

Der Straßenkampf

»Werde ich sterben?« Das Mädchen war gerade einmal fünf Jahre alt und saß auf dem Rücksitz hinter ihren Eltern. Um das Auto herum standen schwarz gekleidete Männer, die begannen, mit Schlagstöcken auf das Auto einzudreschen. Glassplitter flogen durch die Luft, schnitten den Insassen Gesicht, Hände und Arme auf. Dann rammte ein gepanzerter Polizeiwagen, ein russischer Tigr, das Auto.

Die Familie war zur falschen Zeit am falschen Ort: Sie wollte nach Hause, geriet aber in eine Demonstration. Als sie an einer Polizeisperre vorbeifahren wollte, wurde sie gestoppt. Und angegriffen. Das geschah in der Straße, in der mein Bruder wohnt, nur ein paar Häuser weiter.

Nachdem die Polizisten ihren Fehler bemerkt hatten, wurden Frau und Kind ins Krankenhaus gebracht. Der Vater kam in Haft. Eine Nacht lang wurde er trotz seiner Verletzungen verhört und geschlagen, bevor er am nächsten Morgen entlassen wurde.

Das, was dieser Familie widerfuhr, geschah immer und immer wieder: Nur zu oft hielten Polizisten die Autos von Unbeteiligten an, warfen Blendgranaten in die voll besetzten Fahrzeuge. Mit grausamen Folgen: Die Insassen mussten blutüberströmt ins Krankenhaus gebracht werden, manche Opfer hatten Wunden am ganzen Körper. Sie sahen aus, als ob sie direkt aus einem Kriegsgebiet kämen.

Auch sah ich, wie Polizisten auf eine hochschwangere Frau einprügelten. Wie Teenager verhaftet wurden, die kaum älter als 15 Jahre gewesen sein konnten.

Wer im Umfeld von Demonstrationen unterwegs war, musste mit dem Schlimmsten rechnen: Die Polizisten kannten keine Grenzen. Die übermäßige Gewalt, die von ihnen ausging, traf dabei oft völlig Unbeteiligte, die schwere Verletzungen davontrugen und hinterher um ihre Rechte als Bürger kämpfen mussten. Die Polizei machte die Demonstrationen zu einem Straßenkampf, in den sie jeden mit hineinzog.

Im Kino

Die Schlagstöcke prügelten auf die Demonstranten ein, die vorne standen. Die Menschenkette, die wir gebildet hatten, löste sich auf, und die ersten Männer aus den vorderen Reihen begannen, sich zu wehren. Sie wurden zum Ziel weiterer Schläge. Wir waren umzingelt, in einer kleinen Gasse, aus der es keinen Ausweg zu geben schien. Ich kannte das Gefühl schon gut. Meine Mutter jedoch nicht.

Sie war bisher auf den Demonstrationen gewesen, auf denen Frauen mit Blumen durch die Straßen zogen und friedlich nach Freiheit verlangten. Das waren die Demonstrationen, bei denen die Polizei eher vorsichtig agierte. Aber nicht, wenn wir demonstrierten: Wir waren jünger, unsere Forderungen radikaler. Aber gewalttätig waren auch wir nicht. Ich hatte meine Mutter mitgenommen, weil ich ihr diese andere Seite des Protestes zeigen wollte. In Gefahr hatte ich sie aber nicht bringen wollen.

Jetzt stand sie neben mir. Ich sorgte mich um sie, denn ich wusste, dass sie nicht gut laufen konnte, dass sie nicht vor der Polizei weglaufen konnte. Umgekehrt spürte ich ihre Sorge um mich, die Angst, dass ich festgenommen werden könnte, und wie sie mich dann unterstützen könnte. Die ersten Mitglieder unserer Gruppe wurden abgeführt und zu den Gefangenentransportern gebracht, die in der Nähe bereit standen. Da wurden plötzlich die Türen eines Kinos geöffnet und jemand winkte uns hinein. Ein Teil der Gruppe schaffte es ins Gebäude, bevor sich die Türen wieder schlossen. Meine Mutter und ich waren dabei.

Durch die getönten Scheiben des Foyers konnte man uns von draußen nicht sehen. Wir aber konnten sehen, was auf der Straße geschah. Wie Menschen verprügelt und weggeschleift wurden, wie in blinder Wut auf unsere Mitstreiter eingeschlagen wurde. Wir hatten Glück gehabt. Und wir schämten uns dafür. Wir mussten Menschen ihrem Schicksal überlassen, wir konnten nur hilflos zusehen, wie sie misshandelt und gefangen genommen wurden. Meine Mutter war zutiefst erschüttert: Sie sah ihr Land in neuem Licht. Sie sah ein Land, in dem Belarusen ihre Mitbürger verprügelten. Für sie zerbrach in diesen Momenten etwas, an das sie sich lange geklammert hatte: Die Annahme, dass es schon nicht so schlimm sei und man sich arrangieren könne. Mit gesenkten Köpfen verließen wir schließlich das Kino durch die Hintertür.

Abschied von Belarus

Im Gefängnis

Zwei Wochen lang saß der junge Mann im Gefängnis. Er fand kaum Schlaf. Das Licht wurde nie ausgeschaltet, und die Zellen waren so voll, dass er kaum Platz fand, um sich hinzulegen. Doch es waren vor allem die Schreie, die ihn wachhielten. Schreie voller Angst und Schmerz, die aus anderen Zellen, aus den Verhörzimmern und den Fluren zu hören waren. Die Schreie der Gefangenen, die den sadistischen Polizisten ausgeliefert waren.

Tausende Menschen wurden in den ersten Wochen der Proteste festgenommen, und die meisten von ihnen wurden in Untersuchungsgefängnisse gebracht. In Minsk war es das berüchtigte Okrestina-Gefängnis, in Grodno war es eine alte Klosteranlage. Schon die normalen Gefängnisse des Landes genügten in keiner Weise den Ansprüchen an eine menschenwürdige Unterbringung. Die Untersuchungsgefängnisse taten das noch viel weniger.

Hier sollten Menschen eigentlich nur wenige Stunden bis Tage sein, um dann entweder entlassen oder vor Gericht gestellt zu werden. Für eine Dauerunterbringung waren sie nicht ausgelegt. Doch genau das war es, was sie so passend machte für die Helfer des Regimes: Allein der Gedanke an die Gefängnisse, die Erzählungen, die über sie kursierten, machten sie zu Orten des Grauens. – Und das entsprach auch der Realität: Die Zellen waren überfüllt, die Toiletten funktionierten oft nicht, waren kaum mehr als ein Loch im Boden, das sich viele Menschen teilen mussten. Die Fenster waren oft kaputt und wurden gerade im Winter nicht repariert oder absichtlich offen gelassen. Verletzte, Opfer von Folter und Prügeln lagen auf dem Boden, stöhnten oder schrien vor Schmerz.

Im August 2020 nahmen Aktivisten vor einem Gefängnis diese schreckliche Klangkulisse auf: Aus dem Gebäude hört man das Geräusch von Schlagstöcken, die immer wieder auf Menschen eindreschen. Man hört Schmerzensschreie.

Auch gibt es Videoaufnahmen, die die Geschehnisse in den Gefängnissen dokumentieren: Hacker konnten sich in die Computersysteme einklinken und die Bilder der Überwachungskameras dort mitschneiden. Immer wieder sieht man darauf, wie Menschen gequält werden, wie sie zum Beispiel durch ein Spalier von Polizisten gejagt werden und die Beamten auf die Inhaftierten einschlagen oder nach ihnen treten.

Das Regime aber scherten diese Aufnahmen nicht: Lukaschenko brüstete sich in Interviews nahezu damit, dass die Polizei zuschlug. Für ihn waren die friedlichen Demonstranten Ratten und Gesindel, die nichts Besseres verdient hatten als Schläge.

In Lukaschenkos Gefängnissen ging es nicht um Strafe oder gar Gerechtigkeit: Was dort geschah, war reine Willkür. Die Polizisten agierten nach Lust und Laune. Wer Glück hatte, war schnell wieder draußen, wer Pech hatte, erlebte die Hölle. Die Gefängnisse waren eine Waffe gegen die Opposition und sie wurden auch so eingesetzt. Schläge und andere Arten von Folter waren der Normalzustand. Kaum jemand, der gefangen genommen wurde, konnte dem entkommen. – Und die Methoden, mit denen Gefangene gequält wurden, waren perfide: So schütteten Milizpolizisten zum Beispiel Chlorbleiche in Zellen aus. Giftige Dämpfe, die die Atemwege und Schleimhäute angriffen, breiteten sich in den überfüllten Räumen aus. Hustenanfälle und Panik waren die Folge. Augenreizungen bis hin zu vorübergehenden Erblindungen sind dokumentiert.

Auch das Coronavirus wurde in den Gefängnissen als Waffe gegen die Opposition eingesetzt: Positiv auf Corona getestete oder schwer erkrankte Menschen wurden in die überfüllten Zellen gesteckt. Eine Ansteckung wurde nicht nur in Kauf genommen, sie war gewollt. Möglichst viele Menschen sollten erkranken, Tote wurden gebilligt.

Die überfüllten Gefängnisse waren ein Baustein des Regimeterrors. Schon die abschreckenden Gebäude mit ihren winzigen Fenstern, geschützt von hohen Zäunen, Stacheldraht und vielen Polizisten, waren ein Zeichen. Was drinnen geschah, war es noch mehr. Die Milizen schreckten vor nichts zurück. Vor wirklich gar nichts. Feinde des Regimes mussten gedemütigt werden. Und sie wurden es.

Sexuelle Gewalt

»Jetzt bist du ein Niemand!« Die Polizisten ließen von ihm ab, der junge Mann blutete stark aus dem Unterleib, der Boden färbte sich langsam rot. Eigentlich war er nur auf die Polizeiwache gekommen, weil er eine Frage hatte, ein Problem melden wollte. Er war kein politischer Mensch, hatte sich nicht um die Demonstrationen gekümmert, hatte nie an einer teilgenommen.

Doch irgendetwas an ihm musste die Bereitschaftspolizisten im Nebenraum gereizt haben. Sie kamen mit Schlagstöcken bewaffnet auf ihn zu. Sie legten ihm Handschellen an, beschimpften ihn, prügelten auf ihn ein, bis er das Bewusstsein verlor. Als er wieder aufwachte, ging es weiter. Sie zogen ihn an den Handschellen hoch, schleuderten ihn herum, bis seine Handgelenke bluteten.

Als er das nächste Mal aufwachte, wurde ihm ein Schlagstock gezeigt, über den ein Kondom gezogen war. Ihm wurde gesagt, dass sie ihn nun wie einen Erwachsenen bestrafen werden. Er merkte nur noch, dass ihm danach die Hose heruntergezogen wurde. Der Rest ist nur eine verschwommene Erinnerung. Bis er aufwachte und die Schmerzen in seinem Unterkörper spürte. Er wurde nicht behandelt, niemand half ihm. Und er wurde angezeigt wegen Hooliganismus – er hatte sich wohl irgendwann im Laufe seines Martyriums zur Wehr gesetzt. Er musste im Gefängnis bleiben.

Ich traf ihn, sah die Hämatome, die seinen ganzen Körper übersäten, las die Aufzeichnungen des Arztes. Ich hörte mir seine Geschichte an, dokumentierte sie. Zu Ende war sie damit aber noch nicht: Der junge Mann war entsetzt, konnte nicht verstehen, warum ihm das geschehen war. Er war entschlossen, den Übergriff zur Anzeige zu bringen, und schaffte es, bis zu den internen Ermittlern der Polizei vorzudringen. Doch dort stand er einer Mauer des Schweigens und unverhohlener Machtdemonstration gegenüber. Die Beamten weigerten sich, ihn anzuhören oder gar gegen einen der ihren vorzugehen. Ein Ermittler zeigte auf sein Polizeiabzeichen und sagte: »Ich kann machen, was immer ich will. Ich bin die Polizei.«

Wir dokumentierten Dutzende dieser Schilderungen von sexueller Gewalt gegen Männer. Wir trafen Männer, deren Unterleib entzündet war, die über Tage hinweg mit Schlagstöcken vergewaltigt worden waren, auf deren Genitalien eingeprügelt worden war. Sexuelle Gewalt gegen Frauen wurde nur in einem Fall dokumentiert. Unwahrscheinlich, dass es der einzige war: Frauen wurden beschimpft, ihnen wurde Vergewaltigung angedroht, es gab Übergriffe.

Vergewaltigung ist die ultimative Demütigung. Für Frauen und für Männer. Es ist die schlimmste Machtdemonstration, die vorstellbar ist. Sie verletzt nicht nur im Moment der Tat, die Opfer kämpfen ihr ganzes Leben lang mit der Erinnerung und der Scham.

Als »ein Niemand«, so sollten sich die Opfer in Lukaschenkos Belarus ihr Leben lang fühlen. Sie sollten sich einreihen in die Masse und sich nicht mehr auflehnen. Und viele von ihnen fühlten sich auch zunächst wie ein Niemand. Wir haben versucht, ihnen Hilfe zu vermitteln. Damit die physischen und seelischen Wunden heilen können.

Wie viele Menschen darüber hinaus Opfer von sexueller Gewalt wurden, lässt sich schwer abschätzen. Vergewaltigungen werden oft verschwiegen. Opfer wollen sie nicht wahrhaben, es fällt ihnen schwer, darüber zu sprechen. Es dürften viele sein. Gerade dann, wenn die Täter weiter frei agieren können, wenn sie keine Strafe zu fürchten haben. Und sie sich zudem rächen könnten für die Bloßstellung, sollte es jemand wagen, sie anzuzeigen.

Folter

Ich kenne zu viele dieser und ähnlicher Schilderungen. Ich traf mich mit den Opfern. Männer und Frauen jeden Alters. Von Schülern bis zu alten Menschen. Das Regime machte keinen

Unterschied. Wer verdächtigt wurde, wurde früher oder später festgenommen.

Meine Arbeit war schwierig. Die Opfer des Regimes litten unter der Folter, unter dem Terror. Nicht selten hatten sie Angst, dass ihre Aussagen dazu führen könnten, dass sie wieder ins Gefängnis kämen. Dass sie wieder gefoltert, gedemütigt würden. Sie hatten Angst um ihr Leben. Wir sprachen nie am Telefon miteinander, damit wir nicht abgehört werden konnten. Wir trafen uns an abgelegenen Orten, wo wir nicht viel Aufsehen erregten und auch nicht belauscht werden konnten. Wir vermieden es, miteinander gesehen zu werden, und die Aufzeichnungen wurden anonymisiert. Sie sollten niemals Rückschlüsse auf einzelne Personen zulassen. Wir sprachen oft lange, dokumentierten die Fälle so detailliert wie möglich und versuchten, geeignete Hilfsangebote zu finden.

Ich sah Krankenakten, Fotos von blutenden Wunden und anderen schlimmen Verletzungen. Ich traf Menschen, die ein Auge verloren hatten, die nicht mehr hören konnten, nachdem eine Blendgranate neben ihnen explodiert war. Ich sah die Wunden, die Gummigeschosse anrichten können. Eine Freundin von mir hätte beinahe einen Arm verloren, nachdem sie von einer Gummikugel getroffen worden war. Ich habe Menschen gesehen, deren Körper ein einziges Hämatom war, deren Nieren und Leber mit Schlagstöcken so traktiert worden waren, dass sie angeschwollen waren und jede Bewegung unendliche Schmerzen bedeutete. Diese Bilder werden mich noch lange begleiten.

Das ICIT in Belarus verfügt durch die Dokumentation der Misshandlungen über Material, auf dessen Grundlage die Verbrecher und Folterer des Regimes angeklagt werden können – in einer hoffentlich nicht allzu fernen Zeit. Viele von uns Helfern mussten teuer dafür bezahlen: Auch sie landeten im Gefängnis. Oder mussten aus dem Land fliehen. Wie ich.

Das Ende

Der Wagen stand direkt vor dem Haus, in dem ich wohnte. Er war unauffällig und auffällig zugleich. Eigentlich war es ein Auto wie jedes andere, doch die Fenster waren abgeklebt, mit Folie verdunkelt. Das war ungewöhnlich, denn eigentlich war das im Zuge der Proteste in Belarus verboten worden. Die Polizei wollte immer sehen können, wer in einem Wagen saß.

Ich konnte schemenhaft erkennen, dass im Auto Menschen waren. Sie schienen den Hauseingang zu beobachten. Ich schüttelte die aufkeimende Angst ab und ging in meine Wohnung, spähte aus dem Fenster. Das Auto stand noch eine Weile da, dann fuhr es los. Egal, ob sie mich beobachteten oder jemand anderen: Es war der erste Moment, in dem mir tief im Inneren klar wurde, dass ich in Gefahr schwebte. Die abstrakt angenommene Gefahr wurde plötzlich sehr konkret. Ich würde etwas unternehmen müssen.

Mit Beginn des Jahres 2021 verschlechterte sich die Stimmung in Belarus noch einmal deutlich: Der lange, dunkle Winter ließ die Menschen vereinsamen. Große Zusammenkünfte wurden nicht nur von der Polizei bekämpft, auch das Wetter machte uns nur allzu oft einen Strich durch die Rechnung. Dazu kam, dass die Polizei immer mehr Menschen auch in ihren Wohnungen heimsuchte: Türen wurden aufgebrochen, Wohnungen durchsucht und dabei verwüstet, die Bewohner in den eigenen vier Wänden verhört und nicht selten auch mitgenommen. Und das alles gern bei offen stehender Tür, damit die Nachbarn auch alles mitbekamen. Oft kam die Polizei in den frühen Morgenstunden. Dann, wenn die Opfer am verletzlichsten waren.

Es konnte jeden treffen: Sei es, dass man das falsche Kleidungsstück anhatte oder regimekritische Telegram-Gruppen abonnierte, ein falsches Buch unter dem Arm trug oder eine verdächtige Bemerkung machte. Alles, was nicht regimekonform wirkte, war verdächtig. Aus jeder Kleinigkeit konnte ein Vergehen konstruiert werden. – Und der Terror, die Willkür wirkten: Die Angst war überall. Kaum jemand wagte es noch, auf die Straße zu gehen. Demonstrationen waren kaum noch möglich. Auch die Solidarität untereinander war nicht mehr so offen wie noch im Herbst. Sie beschränkte sich auf kleine Gesten, auf Geld- oder Sachspenden. Man vermied es, miteinander gesehen zu werden. Vergangen waren die Leichtigkeit und der Witz, die noch Ende des letzten Jahres viele Protestaktionen bestimmt hatten: Niemand wäre mehr auf die Idee gekommen, Milizangehörige auf Tinder bloßzustellen oder Lichtspiele auf Häuserwänden zu organisieren. Niemand hätte sich mehr mit seiner Gitarre bewaffneten Polizisten entgegengestellt und Freiheitslieder gespielt.

Die Festnahmen kamen immer näher: Freunde, Mitstreiter landeten im Gefängnis. Ich musste mich entscheiden: Entweder ich blieb im Land und würde früher oder später auch inhaftiert – oder ich verließ erst einmal das Land. Anfang 2021 fasste ich den Plan, zunächst nach Litauen zu gehen und dort die weitere Entwicklung abzuwarten. Meine Eltern, mein Bruder und viele Freunde bestärkten mich in dieser Entscheidung, rieten mir dazu. Ich buchte einen Flug nach Vilnius.

»Mit Ihren Papieren ist etwas nicht in Ordnung!« Es war dieser einfache, fast beiläufig geäußerte Satz, der bei mir alle Alarmglocken schrillen ließ. Es war einer der letzten Tage im Februar 2021. Ich wollte nach Vilnius fliegen und wartete im Flughafen von Grodno am Check-in, als ein Grenzbeamter mich plötzlich bat, ihm zu folgen. Während er mich in einen gesonderten Wartebereich führte, versuchte ich, ruhig zu bleiben. Doch gegen die Bilder, die in mir aufstiegen, war ich machtlos: Ich sah mich schon in Handschellen, auf dem Weg in eines der Gefängnisse, in denen viele meiner Mitstreiter sitzen. Sah mich in einer kargen Zelle ohne Heizung oder gar ohne Tageslicht, in einer Zelle, in der Misshandlung oder gar Folter drohen konnte.

Ich versuchte, ruhig zu bleiben. Während ich wartete, beriet sich der Beamte mit einem Kollegen, griff oft zum Telefon, schaute während der Gespräche immer wieder zu mir herüber. Auch blätterte er wieder und wieder ziellos in meinem Pass herum und studierte meine Aufenthaltserlaubnis für Litauen.

Bald darauf wurde der Flug aufgerufen, das Boarding begann und das Flugzeug startete – ohne mich. Ich saß eine weitere Stunde im Wartebereich, wurde immer nervöser, erwartete jede Minute, dass Beamte der Sicherheitspolizei oder Mitarbeiter des KGB kämen, um mich mitzunehmen. Ich war wie gelähmt vor Angst, als der Beamte schließlich zu mir kam und mir die Papiere mit einer kleinen Entschuldigung wiedergab. Er lächelte dabei fast freundlich. Und doch wussten wir beide, dass wir Teil eines kleinen Spiels waren, dass ich nicht ohne Grund aus der Schlange gezogen worden war. Doch er wusste nicht genau, warum. Hatte niemanden erreichen können, der es ihm sagte, und hatte dann aufgegeben. – Zu meinem Glück. Denn ich konnte gehen, meine Papiere mitnehmen, den Flughafen verlassen – und tief durchatmen.

Draußen griff ich sofort zum Telefon. Mir war klar, dass ich jetzt wirklich aus Belarus weg musste, fliehen musste, so schnell wie möglich. Noch einmal würde ich nicht so viel Glück haben. Ich wusste auch, dass ich das Land nicht mehr auf einem der üblichen Wege würde verlassen können. An jedem Grenzübergang wäre ich festgenommen worden. Über Freunde und Verwandte bekam ich die Telefonnummer von Menschen, die bereit waren, mich und andere Gegner des Regimes über die Grenze nach Russland zu bringen. Ich hatte gerade einmal Zeit, die nötigsten Dinge zu packen, bevor ich in einen Kleinbus stieg und eine fast absurde Reise antrat.

Normalerweise braucht man knapp anderthalb Stunden, um mit dem Auto von Grodno nach Vilnius zu gelangen. Ich dagegen fuhr und flog Tausende Kilometer und brauchte einige Tage. Ich durchquerte Belarus mit einem Kleinbus, stieg dann in einen alten Ural-Militärlaster um, der mich über die Grenze nach Russland brachte. So gelangte ich schließlich nach Moskau. Von dort aus fuhr ich nach Kiew, um schließlich mit dem Flugzeug über Warschau nach Vilnius weiterzureisen.

Nicht einmal ein Jahr war vergangen, seit ich Vilnius verlassen hatte. Und doch schien es mir wie eine Ewigkeit, als ich Anfang März wieder dort ankam. Es war eine Zeit, in der so viel geschehen ist, wie selten zuvor in meinem Leben, wie selten zuvor in der Geschichte meines Landes. Auch wenn ich nicht mehr in Belarus sein konnte: Ich war entschlossener als je zuvor, mich für Freiheit und Demokratie einzusetzen. Lukaschenko musste bekämpft und aus dem Amt vertrieben werden. Und ich wollte weiterhin dazu beitragen. Auch aus der Ferne.

Im Exil

An vielen Balkonen hing die weiß-rot-weiße Fahne, es gab eine Universität, an der meine Landsleute studierten, das Büro der Oppositionsführerin war hier: Ich war zurück in Vilnius. Hier konnte ich meine Arbeit an der Dokumentation der Verbrechen des Regimes fortsetzen.

Auch liegt Vilnius nicht nur nah an Belarus, es fühlt sich immer wieder so an wie Grodno. Man merkt, dass nur 200 Kilometer zwischen den beiden Städten liegen, dass die beiden Städte eng miteinander verbunden sind.

Auch wenn das alles das Exil für mich einfacher machte: Schwer war es dennoch. Ich fühlte mich, als hätte man mir etwas genommen. Vor zwei Jahren hätte ich mich einfach in einen Bus setzen können, wollte ich meine Freunde und Familie besuchen. Das war jetzt nicht mehr möglich. Würde ich versuchen, nach Belarus einzureisen, wäre meine Reise schon an der Grenze zu Ende. Ich war von meiner Heimat abgeschnitten und konnte Freunde und Verwandte nur noch selten sehen. Ich musste darauf warten, dass sie mich besuchen kamen.

Aber auch das wurde immer schwieriger: Sie brauchten Genehmigungen, um auszureisen. Brauchten immer neue und immer kreativere Begründungen, warum sie das Land verlassen wollten. Sie begaben sich in Gefahr, um mich zu sehen. Jede Begegnung mit einer Oppositionellen wie mir konnte sie ins Gefängnis bringen.

Die Exilgemeinschaft wuchs stetig. Immer wieder traf ich Menschen, die aus dem Gefängnis entlassen worden waren. Menschen, die ich in Belarus interviewt hatte, die mir dort von ihren

Folterungen erzählt hatten und die nun auch geflüchtet waren. Ich war froh, sie wiederzusehen, zu sehen, dass es ihnen besser ging, dass sie den Klauen Lukaschenkos hatten entkommen können – auch wenn sein Schatten sie noch lange begleiten wird.

Am meisten freute ich mich, den Priester wiederzusehen, der in seinem Haus in der Nähe von Brest festgenommen worden war und dann in einem Wald eine Scheinhinrichtung hatte durchleiden müssen. Um danach in einem Gefängnis gefoltert zu werden und mit schweren Verletzungen freigelassen zu werden.

Es war schwer für uns, nur noch aus der Ferne helfen zu können. Wir organisierten in Vilnius Demonstrationen und Protestaktionen. Wir versuchten, politische Gefangene in den belarusischen Gefängnissen zu unterstützen, indem wir ihnen Anwälte verschafften, Essen schickten oder auch Postkartenaktionen organisierten. – Jede Aktion, jedes Zeichen, dass man hinter Gittern nicht vergessen wurde, ist wichtig.

Gleichzeitig merkte ich, dass ich die dunklen Wolken des letzten Jahres noch lange nicht hinter mir gelassen hatte. Der lange Arm der belarusischen Geheimdienste reichte und reicht bis in die umliegenden Länder. An der belarusischen Botschaft in Vilnius sind viele Beamte des Geheimdienstes tätig, die einzig und allein damit beschäftigt sind, Oppositionelle in Litauen zu observieren, Widerstandsgruppen zu infiltrieren und Informationen nach Minsk zu schicken. – Meine KGB-Akte dürfte auch in dieser Zeit wieder um einiges dicker geworden sein.

Direkt in Gefahr fühlte und fühle ich mich selten in Vilnius, doch allein die Präsenz des KGB mahnt zur Vorsicht. Deshalb bildeten wir kleine Gruppen, in denen wir aufeinander aufpassen: Hören wir mehrere Stunden nichts von einem Gruppenmitglied, so haken wir nach, rufen an und fragen, ob alles in Ordnung ist. Eine Textnachricht reicht uns dabei nicht, wir müssen die Stimme der Person hören. Auch richteten wir ein Alarmsystem ein. Dazu nutzen wir Handy-Apps, die uns vernetzen. Mit einem einzigen Tippen auf den Bildschirm können wir uns gegenseitig alarmieren und zu Hilfe kommen, falls das nötig werden sollte.

Die App, die wir meistens benutzen, nennt sich Red Button. Sie kann auf Android-Handys und iPhones installiert werden und funktioniert ähnlich wie andere Notfall-Apps: Einmal auf einen Knopf gedrückt, wird automatisch ein Hilferuf an Freunde oder Verwandte versandt. – Aber Red Button kann noch mehr – was daran liegt, dass der Entwickler aus St. Petersburg stammt und in der Organisation von Alexej Nawalny aktiv war. Er passte die App so an, dass im Falle eines Notrufs automatisch Menschenrechtsanwälte alarmiert werden. Gleichzeitig machte er es möglich, geografische Daten in der App zu hinterlegen, Ortsangaben zu bekannten Gefängnissen zum Beispiel oder zu den Büros der Geheimdienste. Von Orten also, von denen bekannt ist, dass Gefangene oft zum Verhör dorthin gebracht werden. Diese Informationen werden dann mit dem Standort des Handys abgeglichen.

In Sekundenschnelle wissen so Freunde und Anwälte, wo sich der Mensch befindet, der Hilfe braucht. Das ist auch wichtig, um zum Beispiel herauszufinden, ob gerade eine größere Polizeiaktion stattfindet: Gehen mehr als 20 Hilferufe von nahe beieinandergelegenen Standorten ein, so wird eine Alarmmeldung an alle verschickt. Denn das bedeutet, dass Massenverhaftungen im Gange sind.

Während der Massenproteste in Belarus hatte die App anfangs sehr gute Dienste geleistet, doch sie wurde bald vom Regime geblockt. Die Demonstranten mussten auf andere Apps ausweichen, die jedoch nicht über diese Zusatzfunktionen verfügten.

In Vilnius begannen wir, Red Button wieder zu benutzen. Nicht weil wir bei unseren Aktionen in der Stadt etwas von der litauischen Polizei zu befürchten hätten, sondern weil wir darauf gefasst sein müssen, dass der belarusische Geheimdienst in Aktion tritt. – Wenn sich Lukaschenko noch weiter in Irrationalität und Gewalt flüchtet, muss man wohl mit vielem rechnen. Auch weil es nicht nur zu Anfang seiner Herrschaft Morde durch den Geheimdienst gegeben hatte, sondern weil es gerade wieder in den letzten Jahren vermehrt zu Übergriffen kam. Auch im Ausland – und in der Luft.

Der lange Arm des Regimes

Der Ryanair-Flug FR4978 startete am Morgen des 23. Mai 2021 in Athen und sollte um 13:00 Uhr in Vilnius landen. Die Boeing 737 nahm die Route über Belarus. Das war die kürzeste, die übliche Route. Kurz bevor die Maschine zum Landeanflug auf Vilnius ansetzte, bekamen die Piloten von der belarusischen Flugsicherung den Befehl, für eine Notlandung nach Minsk auszuweichen. An Bord befände sich eine Bombe. Um die Gefahr für den Flug zu verdeutlichen, begleitete ein belarusisches Kampfflugzeug die Maschine. Sie landete schließlich in Minsk.

Die Warnung der Flugsicherung war purer Unsinn gewesen, eine Lüge: An Bord der Maschine gab es keinen Sprengstoff. Und Minsk lag weiter entfernt als Vilnius, weshalb es keinen Sinn ergab, die Maschine dorthin umzuleiten. An Bord der Maschine gab es allerdings jemanden, den Lukaschenko gerne in seiner Gewalt sehen wollte: Raman Pratassewitsch und seine Partnerin Sofia Sapega. Pratassewitsch ist ein belarusischer Journalist, der bereits 2014 als Kriegskorrespondent aus der Ukraine berichtet hatte. Dort hatte er das Asow-Regiment begleitet und den Euromaidan dokumentiert.

Nach der Landung mussten die Passagiere die umgeleitete Maschine zunächst verlassen. Sie wurde durchsucht, und der Flug konnte schließlich fortgesetzt werden. Pratassewitsch und Sapega mussten allerdings in Minsk bleiben: Sie wurden festgenommen. Lukaschenko selbst hatte den Befehl gegeben, das Flugzeug umzulenken und die Militärmaschine auszusenden. Er wollte ein Zeichen setzen: Auch im Ausland sollte sich niemand sicher fühlen. – Und genau so fühlte es sich für mich an. Ich war schockiert, wie viele meiner Bekannten in Vilnius. Ich hatte Pratassewitsch ein paar Mal am Kaffeeautomaten getroffen – wir hatten im gleichen Haus gearbeitet und uns ein paar Mal unterhalten. Er galt bei einigen Leuten als schwieriger Mensch, für mich war er einfach ein netter Typ, der ähnliche Ideen über die Freiheit von Belarus hatte wie die meisten von uns.

Niemand wusste zunächst, was mit Pratassewitsch und Sapega weiter geschehen war. Am Abend des nächsten Tages aber wurde der Journalist in einem Video präsentiert, in dem er seine Bewacher lobte, sich für gesund erklärte und erste Taten zugab. Es war schmerzvoll anzusehen. Pratassewitsch war offensichtlich gefoltert worden. Die Schminke konnte die Hämatome in seinem Gesicht kaum überdecken. Die geschwollene Wange sprach eine deutliche Sprache. Eine Woche später wurde ein Interview mit ihm veröffentlicht: Darin lobte er Lukaschenko, gab weitere Vergehen zu und brach zum Schluss in Tränen aus. Es ist offensichtlich, dass er nicht mehr Herr seiner selbst war, dass er gezwungen wurde, diese Botschaft zu vermitteln. Die Person, die ich im Fernsehen sah, war nicht mehr dieselbe, mit der ich noch ein paar Wochen zuvor Kaffee getrunken hatte.

Inzwischen lebt Pratassewitsch unter Hausarrest in Minsk, ist nun angeblich verheiratet. Allerdings nicht mit Sofia Sapega. Diese wurde im Mai 2022, rund ein Jahr nach dem Vorfall, zu sechs Jahren Haft in einem Arbeitslager verurteilt. Sie hätte – so lauten die haltlosen Vorwürfe – Proteste organisiert und Massendemonstrationen angeführt.

Was wirklich in dem Jahr nach der Festnahme der beiden geschah, ist unklar. Dass Pratassewitsch unter Druck gesetzt wurde, kann als sicher gelten. Und er wird es wahrscheinlich immer noch. Er klagt Sapega nun öffentlich an, gibt ihr die Schuld und hält ihr Strafmaß für zu niedrig. Es gibt einige Menschen, die ihm gegenüber deshalb kritisch eingestellt sind. Viele allerdings glauben, dass er eine Geisel des Regimes geworden ist, dass er ein Gefangener ist, der tut, was man ihm sagt. Lukaschenko hat seine Glaubwürdigkeit, seine Integrität zerstört. Auf perfidere Weise, als das ein Mord getan hätte. Doch auch auf das Morden setzte das Regime weiterhin.

»Ein Niemand«: So bezeichnete Alexander Lukaschenko Witali Schischow in einer Pressekonferenz im August 2021. Ein paar Tage zuvor war Schischows Leiche gefunden worden: Sie hing an einem Baum in einer abgelegenen Ecke eines Parks in Kiew. Der Körper zeigte Anzeichen von Gewalteinwirkung, Verletzungen, die von einer Auseinandersetzung stammen konnten. Schischow hatte die NGO Belarusian House in Ukraine (BDU) geleitet. Er hatte Menschen geholfen, die aus Belarus fliehen mussten, hatte ihre Reise organisiert und ihnen dabei geholfen, sich im neuen Land zurechtzufinden. Am Tag seines Todes wollte Schischow joggen gehen. Zeugen berichten, dass er dabei von Unbekannten verfolgt worden sei. Schischow hatte in der Woche vor seinem Tod Drohungen erhalten. Die ukrainische Polizei und die Sicherheitsdienste des Landes hatten ihn vor einer Zelle von KGB-Agenten gewarnt, die in Kiew tätig sei. Er hatte darüber gelacht.

Schischow war nicht der erste Mensch, der nach Drohungen des Regimes erhängt aufgefunden wurde. Ein Jahr zuvor war es der Aktivist Nikita Kriwzow gewesen, dessen Leiche im August an einem Baum in einem Waldgebiet nahe Minsk hing. Während die belarusischen Behörden auf Selbstmord entschieden, halten Familie und Freunde das für abwegig. Sie sind überzeugt davon, dass Kriwzow Opfer der Geheimpolizei geworden ist. Schließlich hatte er kurz vor seinem Tod eine Auseinandersetzung mit Polizisten. Bei den Protestmärschen nach der Wahl hatte er eine weiß-rot-weiße Fahne getragen und sie provozierend in die Kameras der Polizei gehalten.

Die neue Repression

Lukaschenko geht seit zwei Jahren immer härter gegen tatsächliche und vermeintliche Opposition vor: Dutzende NGOs, die angeblich gegen ihn arbeiteten, wurden verboten. Darunter Vereine, die Spenden für Arme sammelten und verteilten, oder Initiativen, die Weiterbildungsprojekte für Jugendliche organisierten. Verboten wurden auch der belarusische Journalistenverband und der Schriftstellerverband PEN. Ebenso Naturschutzorganisationen sowie ein Tierschutzbund. Die Liste ist lang, die Aktion ein Schlag gegen die belarusische Zivilgesellschaft.

Gleichzeitig wurden Tausende Menschen festgenommen. Diese sitzen in Untersuchungshaft und warten auf ein Gerichtsverfahren. Viele wurden bereits zu hohen Strafen verurteilt. Wie Sofia Sapega. Oder Sergei Tichanowski, der frühere Präsidentschaftskandidat und Ehemann von Swetlana Tichanowskaja, der zu 18 Jahren Haft verurteilt wurde. Wird man mit »falscher« Kleidung erwischt oder finden sich die »falschen« Telegram-Kanäle auf einem Handy, so drohen bis zu zwei Jahre Haft. Die belarusische Justiz ist zu einem Werkzeug für Lukaschenkos Rachefeldzug geworden. Sie gibt sich nicht einmal mehr die Mühe, einen Anschein von Rechtsstaatlichkeit zu wahren.

Immer wieder werden auch Anwälte verhaftet und verurteilt, die als Verteidiger von Oppositionellen oder Aktivisten auftraten. Menschen werden an ihren Arbeitsplätzen festgenommen, sie werden gezwungen, Videos aufzunehmen, in denen sie ihre »Vergehen« gestehen. Sie müssen öffentlich Reue zeigen und Loyalität zum Regime schwören.

Lukaschenko greift immer härter durch. Er muss es tun, denn er weiß, dass er den letzten Rückhalt in der Bevölkerung verloren hat und er nur noch durch unnachgiebige Demonstration seiner Macht überleben kann.

Aber Lukaschenko sieht sich auch noch aus einer ganz anderen Richtung mit einem Problem konfrontiert: Russland, und damit Wladimir Putin, kommt auf ein vor langer Zeit gegebenes Versprechen zurück: Die Etablierung einer Union zwischen Russland und Belarus.

Eine Union

Am 2. April 1997 unterzeichneten Alexander Lukaschenko und der damalige russische Präsident Boris Jelzin einen Vertrag, mit dem die Gründung einer Union der beiden Länder anvisiert wurde. Russland und Belarus sollten sich aufeinander zubewegen, einen großen Wirtschaftsraum bilden und auch politisch zusammenwachsen. Zwei der großen und wichtigen Republiken der Sowjetunion sollten sich wiederfinden.

Der Hauptgrund für dieses Vorhaben war die wirtschaftliche Lage der beiden Länder: Belarus war auf Rohstofflieferungen aus Russland angewiesen, eine engere Verzahnung würde diese billiger machen. Es war ein Weg, um die heimische Industrie zu stützen: Zum einen konnte damit eine großer Absatzmarkt im Osten gesichert werden. Zum anderen konnten die günstig erworbenen Rohstoffe veredelt und mit großen Preisaufschlägen nach Westen weiterverkauft werden.

Es war ein Abkommen, das mit ausschlaggebend war für den relativen Wohlstand des Landes in den längsten Jahren der Herrschaft Lukaschenkos.

Aber es gab noch einen anderen, einen wohl eher nicht so deutlich ausgesprochenen Grund für die Unterzeichnung des Vertrages: Lukaschenko erhoffte sich, den politisch und gesundheitlich angeschlagenen Jelzin zu beerben und die Macht über gleich beide Länder zu bekommen. Er sah sich bereits als Herrscher über die Union. Als den Mann, der die Länder der Sowjetunion wieder eint und ein Reich beherrscht, das von der polnischen Grenze bis zum Pazifik reicht. Aber dabei hatte er nicht mit Wladimir Putin gerechnet.

Der bis zu seinem Amtsantritt weitgehend unbekannte Mann, der aus Jelzins politischem Umfeld stammte und im KGB Karriere gemacht hatte, wurde 1999 erst Premierminister und nach Jelzins Rücktritt im selben Jahr übergangsweise Präsident Russlands. Mit der Wahl vom März 2000 wurde Putin in seinem Amt bestätigt. Bis auf eine kurze, taktische Unterbrechung ist er bis heute Präsident. Und Lukaschenko ist ihm in einer Art Zwangsgemeinschaft verbunden. Zwischen den beiden Männern gibt es wenig Sympathien: Der Wille zur absoluten Macht eint sie – und entzweit sie.

Bis Mitte der 2010er-Jahre war das Verhältnis ausgeglichen. Lukaschenko konnte mit Russland und dem Westen Handel treiben und spielte oft genug die beiden Blöcke gegeneinander aus. Doch der Handel und Austausch mit dem Westen kamen durch die Sanktionen nach den Wahlen 2020 – und erst recht mit dem Angriffskrieg Russlands gegen die Ukraine – nahezu zum Erliegen. Lukaschenko brauchte und braucht Putin und vor allem das Geld, das aus Russland fließt.

Putin begann auch bald im Gegenzug immer größere Zugeständnisse zu verlangen. Diesmal war er es, der die Vereinigung der beiden Länder vorantreiben wollte: Wirtschaft und Politik sollten enger verzahnt werden. In Belarus führte das 2019 zu ersten großen Demonstrationen und Protestaktionen.

Für uns, die wir diese Aktionen mit organisiert haben, war vor allem eins erstaunlich: Die Polizei hielt sich zurück. Sie ließ die Märsche größtenteils ungestört durch die Straßen ziehen. Sie reagierte kaum auf die weiß-rot-weißen Fahnen, störte sich wenig an Rufen nach Freiheit. Es war Kalkül von Lukaschenko, der zur gleichen Zeit in St. Petersburg mit Putin über die Vertiefung der Union verhandeln musste und von diesem immer stärker unter Druck gesetzt wurde. Er nutzte die Demonstrationen, um Putin zu zeigen, dass das belarusische Volk noch nicht so weit sei. Dass eine Vertiefung der Union auf großen Widerstand treffen würde. Dass man am besten alles so lassen sollte wie es war. Lukaschenko fürchtete um seine Macht: Ihm war längst klar, dass ihm in einer politischen Union keine Rolle mehr zukäme.

Spätestens nach den Wahlen 2020 aber musste sich Lukaschenko klar an die Seite Russlands stellen: Die westlichen Staaten, etwa die EU, die USA, Kanada oder Großbritannien, erkannten seinen Sieg nicht an. Die Sanktionen gegen Belarus wurden verschärft. Und sie galten nicht nur dem Staat, sondern auch ihm und anderen führenden Personen des Regimes. Vom Westen hatte Lukaschenko also wenig zu erwarten. Er rächte sich auf seine Weise: Indem er arme und schwache Menschen als Waffe benutzte.

Im Herbst 2021 wurden immer mehr Menschen, die aus den Kriegs- und Krisengebieten im arabischen Raum stammten, an den Grenzen zwischen Belarus, Litauen und Polen registriert. Oft waren es Geflüchtete aus dem Irak oder Syrien. Anfangs sorgte das für Verwunderung, die jedoch bald in Fassungslosigkeit umschlagen sollte: Lukaschenko hatte mit der staatlichen Fluglinie Belavia Tausende Menschen aus diesen Ländern nach Belarus einfliegen und sie an die Grenzen bringen lassen. Er profitierte davon – finanziell und politisch. Die beteiligten Reiseunternehmen brauchten eine teure Genehmigung. Jeder, der einreisen wollte, musst eine Visum-Gebühr bezahlen. Sie lag nach mehreren Steigerungen bald bei ungefähr 2500 Euro. Allein bis Oktober 2021 reisten 20 000 Menschen ein. Es war staatlich gesteuerte Schleuserei, die dazu diente, die Europäische Union zu erpressen.

Soldaten begleiteten große Gruppen bis zur Grenze und versperrten dann den Rückweg, während auf der anderen Seite die polnische Polizei den Weg ins Land versperrte. Bis in den Winter hinein harrten immer wieder Hunderte Menschen in eisiger Kälte auf einem schmalen Streifen Land aus. Viele wurden krank, einige starben. Lukaschenko wollte die Europäische Union erpressen, wollte Sanktionen gelockert sehen und drohte damit, noch mehr Menschen an die Grenzen zu bringen. Es war ein zynisches, abscheuliches Schauspiel, bei dem auch die Europäische Union und Polen kein gutes Bild abgaben. Das Land verhinderte humanitäre Hilfe, verweigerte Journalisten den Zutritt zum Grenzgebiet. Es war ein kurzer Moment, in dem sich die Europäische Union auf das Niveau von Lukaschenko herunterziehen ließ.

Die Annahme, dass diese Aktion mit Moskau abgesprochen und organisiert worden war, liegt nahe: Viele Geflüchtete reisten über Moskau nach Belarus ein, nachdem einige Fluggesellschaften Direktflüge zwischen dem arabischen Raum und Minsk eingestellt hatten. Lukaschenko beendete die Aktion leise. Zu viele der Menschen blieben in Minsk, lebten dort unter unwürdigen Bedingungen auf der Straße und weigerten sich, an die Grenze gebracht zu werden. Die Menschen, die er als Waffe gegen den Westen ins Land gebracht hatte, drohten nun zur Waffe gegen ihn selbst zu werden. Ein noch viel verheerenderer Angriff gegen den Westen und seine Werte wurde zu dieser Zeit allerdings schon vorbereitet: Der Angriffskrieg Russlands auf die Ukraine. Und auch dieser Angriff droht, Lukaschenkos Zeit an der Macht zu beenden.

Der im Verlaufe des Krieges immer deutlicher formulierte Anspruch Putins, ein neues russisches Reich in alten Grenzen zu schaffen, betrifft jedoch nicht nur die Ukraine: Kein Land, das einmal zur Sowjetunion oder zum russischen Zarenreich gehörte, kann sich mehr sicher fühlen vor der Aggression Russlands. In Putins Logik gehört auch Belarus zu Russland. Lukaschenko wurde als Helfer Putins in diesem furchtbaren Zerstörungskrieg gegen die Ukraine verpflichtet. Und muss gleichzeitig um seine eigene Macht kämpfen.

Der Krieg

Am 24. Februar 2022 marschierten russische Truppen in der Ukraine ein. Innerhalb weniger Tage sollte das Land »entnazifiziert und entmilitarisiert« werden. Zum Schutz der Bevölkerung. So lautete die damalige Begründung des russischen Präsidenten. Das war natürlich eine Lüge. Wie so vieles an diesem Krieg und seiner Vorbereitung eine Lüge war und ist.

Im Jahr zuvor hatte Russland immer mehr Truppen an der Grenze zur Ukraine stationiert. Angeblich, um dort Manöver abzuhalten. Mit dem gleichen Argument wurden ab Anfang 2022 russische Truppen nach Belarus verlegt. Lange Züge voller Soldaten, Panzer und Truppentransporter rollten ins Land und blieben vor allem im Süden des Landes, nicht weit von der Grenze zur Ukraine entfernt. Am 10. Februar begann dann ein gemeinsames Manöver der russischen und der belarusischen Armee, um, wie es hieß, die Zusammenarbeit zwischen den beiden Ländern zu vertiefen. Auch das war eine Lüge.

In Wahrheit ging es darum, die russischen Truppen möglichst nah an die Grenze zur Ukraine zu bringen. Um das Land dann von möglichst vielen Seiten gleichzeitig angreifen zu können. Im Süden von der Krim, im Osten von Russland und im Norden von Belarus aus. Ein weiterer Vorteil dieses Vorgehens: Von der belarusischen Grenze aus sind es nicht einmal 100 Kilometer bis Kiew, von der russischen Grenze ist es mehr als drei Mal so weit.

Deshalb kamen die ersten Truppen, die zu Kriegsbeginn in die Ukraine einrückten, aus Belarus. Sie durchbrachen die Grenzschranken nördlich von Kiew, um auf die ukrainische Hauptstadt vorzurücken. Sie sollten dort schnell zur Stelle sein, um die Luftlandetruppen auf einem Flughafen vor Kiew zu unterstützen und die Ukraine durch den Austausch der Staatsführung so bald wie möglich handlungsunfähig zu machen.

Aber dieser Plan ging nicht auf: Der Angriff aus dem Norden wurde zurückgeschlagen, und die russischen Truppen mussten sich dort nach Belarus zurückziehen. Sie hinterließen ein Bild des Grauens. Orte wie Butscha sind inzwischen zu einem Synonym für die Unmenschlichkeit des russischen Vorgehens geworden. Morde an Zivilisten, Vergewaltigungen, Plünderungen: Die russische Armee agierte – und agiert weiterhin – so brutal wie unprofessionell. So nisteten sich etwa Truppen im »Roten Wald« von Tschernobyl ein. Einem Ort, der in Belarus fast jedem vertraut ist: Er ist Sperrgebiet, da er nach dem Reaktorunglück von 1986 noch heute zu den am stärksten radioaktiv verseuchten Gebieten der Welt zählt. Die Soldaten, die sich dort verschanzten – und das auch noch gänzlich ungeschützt –, dürften schlimme Strahlenschäden davongetragen haben.

Lukaschenko griff bis zum Frühsommer 2022 nicht mit belarusische Truppen in den Krieg ein, auch wenn immer wieder darüber spekuliert wurde. Aber er ließ immer wieder Manöver veranstalten, um seine Präsenz zu demonstrieren. Damit band er ukrainische Truppen, die sich gezwungen sahen, die Grenze zu Belarus zu bewachen, und deshalb nicht in den Kampfgebieten eingesetzt werden konnten.

Lukaschenko fuhr einen Schlingerkurs, war in den Krieg involviert, aber dann auch wieder nicht. Er trat gemeinsam mit Putin auf, bezeichnete jedoch die sorgfältig »Spezialoperation« getauften militärischen Aktionen Russlands als das, was sie waren: Ein Angriffskrieg. Immer wieder versuchte er, sich zu distanzieren. Er kritisierte die Dauer des Krieges, die Folgen, die das hatte. Er war – wie viele Mitglieder der russischen Führung auch – davon ausgegangen, dass es nur wenige Tage dauern sollte, bis die Ukraine besiegt sei. Sie alle lagen falsch. Und jeder Tag, den der Krieg länger dauerte, war ein Tag, mit dem die Unzufriedenheit in Belarus stieg. Jeder Tag mehr ist ein Tag, an dem Lukaschenkos Macht schwindet. Denn eines war selbst Lukaschenko schon früh klar: Kaum jemand in Belarus unterstützt diesen Krieg.

Im Gegenteil: Viele Belarusen im Land und im Exil stehen auf der Seite der Ukraine. Wir unterstützen das Land gegen die Aggression Russlands. Weil wir wissen, dass es auch unser Krieg ist. Dass in der Ukraine auch für unsere Freiheit gekämpft wird. Sollte Russland siegen, so würde als Nächstes Belarus noch enger an Russland gebunden sein. Sollte hingegen die Ukraine siegen, so bestünde die Chance, Lukaschenko endlich absetzen zu können, denn seine Schutzmacht wäre empfindlich geschwächt.

Hilfe

Über 15 Kilometer lang war die Schlange, die sich an der Grenze zu Polen gebildet hatte. Menschen, vor allem Frauen und Kinder warteten darauf, die Ukraine verlassen zu können. Sie flohen vor den russischen Bomben, die auf ihre Städte und Dörfer fielen. Sie flohen vor den russischen Truppen, die aus Spaß Zivilisten ermordeten, die Menschen quälten und Dörfer plünderten. Niemand wusste, was passieren würde in diesen ersten Tagen und Wochen des Krieges.

Eines stand aber fest: All diese Menschen brauchten Hilfe. Sie brauchten Essen, Kleidung, Hygieneartikel. Sie brauchten Transportmöglichkeiten, sie brauchten Unterkünfte. Es waren Tausende, nach wenigen Tagen waren es Hunderttausende. Bis Ende April zählte die UNHCR mehr als 5 Millionen geflüchtete Menschen. Die meisten von ihnen suchten im Westen Zuflucht, in Polen.

Am 24. Februar 2022 putzte ich mir gerade die Zähne und hörte dabei Radio. Ich war noch müde, hatte die Augen noch nicht richtig auf. Doch mit der Nachricht des russischen Angriffs war ich sofort hellwach. Sie kam zwar nicht überraschend, traf mich aber mit voller Wucht. Eine Woche zuvor war ich noch in Kiew auf einer Konferenz verschiedener Hilfsorganisationen gewesen, hatte mit Freunden Kaffee getrunken, war durch die Straßen geschlendert und hatte die Atmosphäre der Stadt genossen. Sie war freundlich, lebendig und aufregend. Jetzt schlugen dort Raketen ein. Das, was ich und meine Freunde nicht hatten wahrhaben wollen, obwohl alle Zeichen auf Angriff gestanden hatten, war geschehen.

Uns allen in der belarusischen Gemeinschaft in Vilnius war klar, dass wir helfen mussten. In Kiew und in anderen Städten der Ukraine lebten viele unserer Landsleute, die ebenso wie wir aus Belarus geflohen waren. Nun waren sie ein zweites Mal auf der Flucht. Und natürlich wollten wir auch den ukrainischen Menschen helfen. Wir sahen es als unsere Pflicht an. Auch weil der Krieg zum Teil von Belarus aus geführt wurde und wir das nicht verhindern konnten.

Wir wussten, was gebraucht wird, denn wir hatten schon oft genug Menschen geholfen, die aus Belarus geflüchtet waren. Hier aber würde diese Aufgabe noch viel größer und viel schwerer werden. Wir organisierten Lastwagen, die wir mit Hilfsgütern beluden und zur Grenze zwischen Polen und Belarus schickten. Wir suchten Unterkünfte für die geflüchteten Menschen, wir halfen, Fluchtrouten zu organisieren. Geldspenden mussten sinnvoll verteilt werden, freiwillige Helfer koordiniert werden.

Ich machte mich auf den Weg nach Polen, zur Grenze, um dort unsere Hilfsmaßnahmen zu organisieren, die freiwilligen Helfer zu koordinieren. Mich erwartete dort ein Anblick, der gleichzeitig unglaublich traurig wie wunderschön war: Es schien, als ob sich aus allen Ländern Europas Menschen auf den Weg gemacht hätten, um zu helfen. Überall standen Zelte, in denen sich die Menschen wärmen konnten. Getränke und Essen wurden verteilt. Autos und Busse warteten darauf, die Menschen in Sicherheit zu bringen. Für Mütter mit Kleinkindern standen Kinderwagen bereit, für gebrechliche Menschen Rollstühle.

Es brach mir das Herz, die Familien zu sehen, die sich von ihren männlichen Mitgliedern verabschieden mussten. Von den Vätern, die an die Front gehen mussten und von denen viele nicht zurückkommen sollten. Manche der geflüchteten Menschen waren gut ausgestattet, hatten Habseligkeiten mitnehmen können, wohingegen andere noch ihre Schlafanzüge anhatten. Sie waren von Bombeneinschlägen geweckt worden und nur darauf bedacht gewesen, sich in Sicherheit zu bringen. Wieder andere hatten nicht nur Kinder, sondern auch Haustiere dabei. Ich sah viele Hunde, Katzen und sogar einen Papagei. Es war eine lange Schlange von Menschen, die müde und erschöpft waren. Die sich aber trotzdem ihre Würde bewahrt hatten und die eines einte: Der Glaube daran, dass die Ukraine gewinnen würde und dass sie bald wieder in ihre Heimat zurückkehren könnten.

Dafür sollte die ukrainische Armee sorgen. Sie wurde von vielen Ländern des Westens mit Waffen unterstützt.

Soldaten aus aller Welt kamen dazu. Aus keinem Land aber waren es so viele wie aus Belarus. Sie stellten ein eigenes Bataillon in der ukrainischen Armee, mit über 200 Kämpfern. Genauso wichtig war aber das, was sich in Belarus im Verborgenen abspielte.

Der belarusisch-ukrainische Untergrund

Verteilerkästen an Bahnstrecken beachtet normalerweise niemand. Es sind unauffällige, graue Vorrichtungen, die sich entlang der Gleise befinden. Doch ihr Innenleben ist umso interessanter: Die vielen Kabel, die hier zusammenlaufen, machen sie zu äußerst wichtigen Knotenpunkten für den Bahnverkehr. Durch sie laufen die Impulse, die Streckensignale umspringen lassen oder Weichen stellen. Sie übermitteln Meldungen von den Gleisen, zeigen, ob ein Abschnitt gerade frei ist oder nicht.

Im Frühjahr 2022 gingen in Belarus viele davon in Flammen auf oder sind auf andere Weise zerstört worden. Die meisten entlang der Bahnstrecken, die in den Süden von Belarus führen. Richtung Ukraine. Entlang der Strecken also, auf denen Russland Panzer, Raketenwerfer, Truppentransporter und unzählige Soldaten beförderte. Strecken, die für den Krieg extrem wichtig waren.

Verantwortlich für die Zerstörung der Kästen zeichneten belarusische Saboteure. Kleine Gruppen von Aktivisten, die gegen den Krieg in der Ukraine waren und die den Transport von russischem Kriegsmaterial durch Belarus stoppen wollten.

Die Bahn ist das wichtigste Verkehrsmittel der russischen Armee. Nur mithilfe von Zügen lassen sich die großen Mengen an Panzern durch das riesige Land transportieren. Soldaten mussten aus allen Teilen des Landes über Tausende von Kilometern an die Front gebracht werden. Nur mit Zügen kann Treibstoff, Nahrung oder Munition nachgeliefert werden. Dem belarusischen Bahnnetz kommt daher für die russische Armee eine wichtige Funktion zu. Es führt direkt an die Ukraine heran, und ohne es wäre ein Angriff auf Kiew kaum möglich gewesen.

Die Saboteure setzten sich mit ihren Aktionen einer großer Gefahr aus: Im Frühjahr 2022 wurden vier Männer dabei ertappt, wie sie einen der Kästen zerstören wollten. Das Regime veröffentlichte daraufhin nicht nur die Namen der Männer, sondern auch Fotos ihrer Festnahme. Darauf sind schwer verwundete Menschen zu sehen. Die klaffenden Wunden waren ihnen von der Polizei zugefügt worden. Und ihnen droht eine lange Haft oder, im schlimmsten Fall, die Todesstrafe. – Belarus ist das einzige europäische Land, das noch die Todesstrafe anwendet. Selbst Russland setzte sie bereits 1996 aus. Mehr als 300 Hinrichtungen wurden zwischen 1990 und 2011 in Belarus gezählt. Seitdem sind Hinrichtungen ein Staatsgeheimnis und Amnesty International vermutet, dass es seitdem pro Jahr bis zu vier Hinrichtungen per Genickschuss gab. Die meisten davon als Strafe für Mord in besonders grausamen Fällen. Doch seit dem Frühjahr 2022 steht auch Terrorismus wieder auf der Liste der Taten, für die man zum Tode verurteilt werden kann.

Die Angriffe auf den Bahnverkehr hatten jedoch schon vor dem Krieg in der Ukraine begonnen: Im Januar 2022 drangen Hacker in das zentrale System der belarusischen Bahn ein und installierten dort Ransomware, Erpressungssoftware. Damit wird ein Virus in ein Computersystem eingeschleust, das Daten verschlüsselt und sie erst dann wieder freigibt, wenn das Opfer den Forderungen der Erpresser nachkommt. In diesem Fall verlangten die Erpresser, dass die russischen Truppen das Land verlassen sollten. Doch das geschah nicht. Daraufhin musste das System mühsam repariert und neu gestartet werden. Wochenlang konnten Bahnkunden keine Tickets an Automaten kaufen und die Zuganzeigen waren gestört. Gravierender aber war, dass es auch bei Streckensignalen und Weichen zu Störungen kam. Das gesamte belarusische Netz war betroffen. Die russischen Truppentransporte im Vorfeld des Angriffs waren dadurch deutlich langsamer unterwegs, als das gewünscht war. Es war ein kleiner Triumph für den belarusischen Widerstand.

Die Gruppe, die dafür verantwortlich zeichnete, nennt sich die Cyber-Partisanen. Seit der Wahl 2020 hatte sie immer wieder mit Aktionen gegen das Lukaschenko-Regime auf sich aufmerksam gemacht. Mit Beginn des Krieges begannen die Cyber-Partisanen, auch mit ukrainischen Hackern zusammenzuarbeiten: Sie greifen Systeme in Belarus und in Russland an. Schleichen sich in die Systeme von Banken ein oder legen Regierungsseiten in Russland lahm. Auch das Telefonnetz der russischen Armee ist vor ihnen nicht sicher: Immer wieder kursieren Mitschnitte von Telefongesprächen innerhalb der Streitkräfte, immer wieder ist die Kommunikation zwischen verschiedenen Einheiten der russischen Armee gestört.

Die Aktionen der Cyber-Partisanen sind überraschend kreativ. Immer wieder finden sie neue Wege, die Kriegsführung der Russen zu unterminieren. Sie wissen, dass die Menschen in der Ukraine nicht nur für ihre eigene Freiheit kämpfen, sondern auch für die Freiheit und Unabhängigkeit von Belarus. Sie wissen, dass der Krieg Russlands nicht nur gegen die Ukraine gerichtet ist, sondern gegen jeden Ruf nach Freiheit, der in einem der ehemaligen Sowjetstaaten laut wird.

Am Anfang eines langen Weges

Die Menschen in Belarus wünschen sich den Wechsel. Sie sehnen sich nach Freiheit und Demokratie. Nach einer Zeit ohne Lukaschenko. Im Sommer 2020 scheiterte der erste Versuch, den Diktator abzusetzen. Vielleicht waren wir zu zögerlich und zu friedlich, berauschten uns zu sehr an uns selbst, als dass wir gegen das Regime hätten siegen können. Wichtig war dieser Sommer trotzdem: Er zeigte, dass die Belarusen dabei sind, sich als Nation zu finden und für ihre Freiheit zu kämpfen.

Aufzustehen für Freiheit und Demokratie war ein wichtiger Schritt, einer der größten in der Geschichte unseres Landes. Das belarusische Volk wurde über Jahrhunderte hinweg unterdrückt. Ihm wurde seine Eigenständigkeit versagt. Belarus wurde unter den großen Nationen aufgeteilt, die Grenzen verschoben, die Menschen umgesiedelt. Das Land war viel zu oft ein Schlachtfeld der Kriege anderer Nationen. Die Menschen wurden gezwungen, fremde Sprachen zu lernen und zu sprechen. Sie mussten die Kultur der Besatzer übernehmen, deren Götter anbeten und sich dabei selbst verleugnen. Lange glaubten vor allem die alten Menschen im Land, dass es immer so bleiben würde. Sie duckten sich weg und warteten auf den nächsten Schicksalsschlag.

Die friedlichen Proteste in Belarus und ihre brutale Zerschlagung waren eine Zeitenwende für unser Land. Sie markierten das Ende einer langen Entwicklung – und den Anfang einer neuen. Sie machten nur allzu deutlich, dass das Regime am Ende ist, dass es das so lange noch vorhandene Wohlwollen komplett verspielt hat: Es hat in der Bevölkerung keinen Rückhalt mehr. Lukaschenko kann sich nur weiterhin an der Macht halten, weil er einen zu allem bereiten Sicherheitsapparat hinter sich hat. Doch er wird sich nicht mehr ewig halten können.

Wenn Lukaschenko weg ist, wird es erst einmal nicht leicht werden. Belarus wird lange brauchen, um seine Gesellschaft, seine Wirtschaft und seine politischen Institutionen neu aufzustellen, aus den Ruinen der Diktatur etwas Neues wachsen zu lassen. Noch länger wird es dauern, bis wir einen Gemeinsinn geschaffen haben, der die vergangenen Jahrhunderte überstrahlen kann: Er muss die Hunderte von Jahren, in denen die Stimmen und die Ideen der Belarusen unterdrückt wurden, überstrahlen. Wir werden uns auf einen neuen Status quo und Staat einlassen und Freiheit und Demokratie erst lernen müssen. Aber eines ist auch wichtig: Wir dürfen keine Angst vor dieser Zukunft haben. Keine Angst vor den Aufgaben, die vor uns liegen. Und vor der Zeit, die es dauern wird.

Eine neue, demokratische Gesellschaft zu schaffen, wird Jahrzehnte dauern. Sie braucht eine neue, eine starke und freie Bildung – sowohl staatlich als auch zivilgesellschaftlich. Die Macht muss dezentralisiert werden – nie wieder darf ein Mensch allein so viel Macht haben.

Länder wie die baltischen Staaten, Moldawien, die Ukraine oder die Länder des Kaukasus sollten unsere Vorbilder sein:

Unsere Geschichte ist ähnlich und unsere Ziele sind es ebenfalls. Diese Länder sind teilweise schon seit Jahrzehnten Demokratien. Einige schafften es, in die Europäische Union aufgenommen zu werden, und sind dort leuchtende Beispiele, gerade was die Unterstützung der Demokratisierung anderer Länder angeht.

Doch in fast jedem Land in Osteuropa findet sich noch immer der Schatten der Sowjetunion. Mal ausgeprägt, wie in Russland oder Belarus, mal im Hintergrund lauernd, wie in der Ukraine, die ihn vor dem Krieg so entschlossen abschütteln wollte. Dieser Schatten muss vertrieben werden. Freiheit und Selbstbestimmung müssen an die Stelle von Korruption, Diktatur und Menschenfeindlichkeit treten. Doch noch kämpfen all diese Länder gegen einen gemeinsamen Feind: Russland. Dessen Führung hat immer wieder bewiesen, dass sie in der unmittelbaren Nachbarschaft keine freien Staaten, keine Demokratien dulden wird. Die Regierung sieht es als gegeben an, dass Länder, die im Laufe der Geschichte einmal russisch waren, das auch auf immer sein werden.

Diese Sicht wird von vielen Menschen in Westeuropa geteilt. Nicht unbedingt aus Böswilligkeit, sondern weil sie nie darüber nachgedacht haben: Sie setzen Russland mit der Sowjetunion gleich, sehen Länder wie Belarus oder die Ukraine als abtrünnige Provinzen an, als Verhandlungsmasse. Dadurch sprechen sie unseren Ländern ihre Eigenständigkeit ab, ordnen uns dem Interessenbereich Russlands zu. Aber diese Sicht ändert sich zum Glück.

Russland ist, seitdem Wladimir Putin an der Macht ist, ein Aggressor. Das Land führt offene Kriege in vielen Ländern. Und in noch mehr Ländern führt es Informationskriege. Doch auch in Russland regt sich Widerstand. Nur ist es dort ungleich schwieriger, gegen die Regierung zu sein, gegen den Krieg. Und viele Russen sind gegen den Krieg und kämpfen für ihre Freiheit, genau wie wir Belarusen es tun.

Nach meiner Flucht traf ich in Vilnius viele Geflüchtete aus Russland. Während wir – und noch mehr die Geflüchteten aus der Ukraine – präsent und akzeptiert sind, leben diese fast im Verborgenen. Sie werden beinahe verachtet, weil sie aus Russland stammen. Kaum jemand weiß etwas über sie, niemand scheint sich um sie und ihre Geschichte zu kümmern. Oft genug waren sie Teil der kritischen Zivilgesellschaft Russlands gewesen: Journalisten, die für unabhängige Medien tätig waren, Künstler oder Mitglieder regierungskritischer Organisationen. Sie mussten sich entscheiden, standen vor derselben Frage wie ich: Gefängnis oder Flucht.

Sie sind genauso wenig für den Krieg verantwortlich wie wir Belarusen. Auch wenn er von unserem Land aus begann und das Lukaschenko-Regime ihn unterstützt. Es ist falsch, dass diese Menschen für die Taten der Regierung, die sie bekämpften, büßen müssen. Dass sie Probleme mit ihrem Visum bekommen, dass sie Probleme haben, Arbeit zu finden. Dass sie sich Schwierigkeiten gegenübersehen, mit denen sich auch Belarusen konfrontiert sahen, nachdem sich ihr Land in den Krieg eingebracht hatte.

Der Krieg in der Ukraine ist unser gemeinsamer Krieg. Es ist ein Krieg, der von einem Aggressor ausgeht, der sich auch gegen uns wendet. Ein Krieg, in dem uns ein gemeinsames Ziel eint. Deshalb kämpfen Tausende von Belarusen in der Ukraine. Deshalb sammeln wir Spenden und bringen Hilfe in die Ukraine. Deshalb bieten wir in unseren Wohnungen denjenigen, die von dort flüchteten, einen Platz an.

Kaum jemand fühlt sich der Ukraine so verbunden wie wir: Wir teilen eine gemeinsame Vergangenheit und eine gemeinsames Unglück. Doch letztlich steht das gesamte Osteuropa vereint gegen einen gemeinsamen Feind. Steht gemeinsam gegen Diktatur und Unfreiheit.

Die Zukunft von Belarus ist untrennbar verbunden mit der Zukunft der Ukraine und Russlands. Sie ist untrennbar verbunden mit der gesamten osteuropäischen Region und der Zukunft Europas. Wir alle sind miteinander verbunden. Durch unsere Vergangenheit, durch unsere Gegenwart. Niemand kann sich daraus lösen. Deshalb werden wir auch in Zukunft miteinander verbunden sein, in einer Zukunft, die wir am besten gemeinsam gestalten sollten.

Die letzten Jahre werden einen besonderen Platz in der Geschichte einnehmen. Nicht nur in der Geschichte meines Landes und in der Geschichte der Ukraine, sondern in der Geschichte der ganzen Welt. Es ist eine düstere Zeit. Doch sie wird uns eine bessere Zukunft bringen. Eine Zukunft, in der wir ein stabiles Staatensystem mit demokratischen Institutionen haben werden, in der es keine politischen Gefangenen mehr geben wird, in der wir den Krieg gewinnen. Und in der wir irgendwann einmal stolz zurückblicken können auf das, was wir geleistet haben.

Danksagung

Bis ein Buch endlich in den Händen der Leser*innen liegt, machen sehr viele Menschen einen sehr guten Job. Nicht nur die Autor*innen. Deshalb möchte ich mich stellvertretend bei einigen von ihnen bedanken:

Unsere Lektorin im Heyne Verlag, Sophie Boysen, glaubte von vorneherein fest an das Projekt und stand bei allen Herausforderungen, die dieses schwierige Thema mit sich brachte, fest an meiner Seite.
Das gesamte Team des Heyne Verlags arbeitet mit aller Kraft für den Erfolg des Buches.
Meine Agentin, Christine Proske, von Ariadne-Buch navigierte uns mit Professionalität und Feingefühl durch alle Phasen des Projekts.
Mein Co-Autor, Carsten Görig, hörte mir geduldig zu und verschriftlichte meine Erfahrungen, als hätte er sie selbst erlebt.
Meine Familie hat dieses Projekt und mich auf diesem harten Weg des Widerstands gegen das Regime bedingungslos unterstützt.

Ich danke auch allen meinen Leser*innen dafür, dass sie mit mir auf die Reise in meine geschundene Heimat gehen und mithelfen, die Welt über den Terror in Belarus zu informieren, indem sie dessen Geschichte verbreiten.

Und zuletzt danke ich allen Menschen in Belarus und auf der ganzen Welt, die gegen Diktatoren, autoritäre Regime und Terror aufstehen und für Freiheit und Demokratie kämpfen. Euer Mut ist unglaublich, Euer Opfer wird hoffentlich nie vergessen. Dafür danke ich Euch allen aus vollem Herzen.

Viktoryia Andrukovič

Weiterlesen und Hilfe

Die Situation in Belarus und der Ukraine ändert sich täglich. Aktuelle Informationen sowie Hintergrundberichte finden sich zum Beispiel hier:

- Dekoder: Gute Einblicke in das Geschehen in Osteuropa (deutsch): https://www.dekoder.org/de/
- Voice of Belarus: Von Freiwilligen betriebene unabhängige Nachrichtenseite über die aktuelle Situation in Belarus (englisch): https://www.voiceofbelarus.org/
- Viasna: Nachrichten über Menschenrechtsverletzungen, Beobachtung von Festnahmen und Begleitung von politischen Gefangenen (englisch): https://spring96.org/en
- Unabhängige Nachrichtenseite aus und über Belarus (englisch): https://motolko.help/en/, https://twitter.com/MotolkoHelp
- Belsat: Unabhängige Fernsehnachrichten aus Belarus: www.belsat.eu/en/

Tiefe Einblicke in das Leben und Denken vieler Menschen in den Staaten der ehemaligen Sowjetunion geben die Bücher der belarusischen Literaturnobelpreisträgerin Svetlana Alexievich. Hier vor allem »Secondhand-Zeit«.

Viele Menschen in Belarus und der Ukraine brauchen Hilfe. Diese Organisationen leisten sie und sind dafür auf Spenden angewiesen:

- https://www.bysol.org/en/
- https://en.stranafund.org/
- https://dissidentby.com/en/support

Politischen Gefangenen in Belarus kann man zeigen, dass sie nicht vergessen werden, indem man ihnen Postkarten, Briefe oder Päckchen schickt. Organisiert wird das unter anderem von:

https://politzek.me/en/
https://vkletochku.org/en

Bildteil

Adobe Stock: 4 o. (Volha); **Getty Images:** 3 o. (VIKTOR DRACHEV/Staff), 3 m. (SERGEI GAPON/Freier Fotograf), 8 m. (SERGEI GAPON/Kontributor), 8 u. (VIKTOR DRACHEV/Staff); **Imago:** 3 u. (SNA/xSergeyxSamokhinx), 4 u. (ITAR-TASS); **Picture Alliance:** 1 (REUTERS/Vasily Fedosenko), 2 o. (AP Images/Sergei Grits), 2 u. (dpa/epa/Alexey_Belianchev), 4 m. (dpa/TASS/Donat Sorokin), 5 m. (picture alliance/dpa/Sputnik/Viktor Tolochko), 5 u. (dpa/TASS/Natalia Fedosenko), 6 o. (dpa/TASS/Valery Sharifulin), 6 m. (dpa/TASS/Natalia Fedosenko), 6 u. (dpa/Sputnik/Evgeny Odinokov), 7 o. (ASSOCIATED PRESS/Uncredited), 7 m. (dpa/Sputnik/Viktor Tolochko), 7 u. (REUTERS/Vasily Fedosenko), 8 o. (dpa/Sputnik/Viktor Tolochko); **Privatarchiv Viktorya Andrukovič:** 5 o.